关键人物

优秀教师的成长

教师发展丛书

方心田·主编

中国人民大学出版社
·北京·

目　录
CONTENTS

优秀教师成长的热搜词

教师成长，和任何人的成长是一个道理，也是需要一些附加条件的，尤其是优秀教师的成长，更是需要比较优异的条件。一个优秀教师的成长，究竟需要哪些条件呢？

关键人物

在这个世界上，人类属于群体动物，完全独居的人是极为罕见的。群体动物有个特点，就是有社交的需要，有寻找朋友的需要，有社会认同的需要，如此才能顺利地生活和成长。印度哲学家克里希那穆提认为，人们读书、娱乐、交友、恋爱、结婚、宗教、信仰、工作、活动、兴趣、爱好、权力与金钱的欲望，都是为了分心。分什么心？分孤独的心，怕自己无事可干而感到孤独。

教师，无疑是“聚族”而居的群体类别，在发育、生长的过程中，在学习、生活的过程中，在教育、教学的过程中，在发展、成才的过程中，经历着一个个亲人、朋友、老师、同学、同事、学生、老乡、邻居等，和他们交往，和他们打着生理的、物质的、精神的交道，不可避免地受到他们的影响与浸染。教师是一种教书育人的职业，因其特殊性，在他们生命中这些经历过的人里，有的作用大，有的作用小，有的作用一般，千人千面，各有不同，但必有一种，属于“重要他人”，也可称为“关键人物”。这样的人，重要而关键，数量当然不会多，甚至只有一个。这个“关键人物”，非同一般，在教师的生命成长、情感培育、思想形成、专业发展中，起着关键性的作用。一个人优秀与否，成功与否，很大程度上和这个“关键人物”有着重要关系。他，就是你生命中的“贵人”，是命运之神派来悄悄帮助你的使者。

我生命里的“贵人”也有不少，深刻影响我的教育生活的，是我的初中老师何子策先生。他以自己无私博爱的长者胸怀、身体力行的师者风范、兢兢业业的工作态度、淡泊坦荡的思想境界，有形无形地塑造了我的多彩少年、美丽青年，乃至丰盈中年。我永远怀念他！

朱永新老师深情回首，记述了在他生命中占据重要一席的父亲、同学、老师，为我们描绘了一幅幅温馨的学习与成长画面；肖川老师写了他在读本科及研究生时期的六位老师，情真意切，感人至深；李镇西老师有滋有味地回忆了他的高中班主任张新仪老师，在李镇西老师看来，她是中国最美丽、最优秀、最幸福的老师……还有陈忠、傅国涌、樊阳、闫学、周益民、华应龙等很多学者或名师，都真挚抒写了他们生命中遇见的“贵人”，写了“贵人”在他们成长、成熟、成才的过程中所发挥的重要作用，“贵人”是他们成长为优秀之我、今日之我的关键因子，是他们生命链条上最璀璨的明珠。他们的教育生命，因其而丰富；他们的教育乐章，因其而动听。

关键事件

著名作家柳青有一句广为流传的哲言：“人生的道路虽然漫长，但紧要处常常只有几步，特别是当人年轻的时候。”这个“几步”，就是我所认为的“关键事件”。

人类的命运，绮丽而丰富。它充满了未知的神秘，也充溢着变化的惊喜。它会落实到每个人的头上，植根在每个人的心里。在人们成长、生活、工作、成才的过程中，那关键的“一步”或“几步”，就是用成功或失败、欣喜或哀伤、乐与痛、哭与笑，以鲜明的注脚、深刻的印记、转折的理由，给美好的生命一个最美好的诠释。

回首我的人生，这样的“关键事件”也是有的。1982年，年仅14岁的我参加中考，考上了江西省万年师范学校。在当时，这是一件光宗耀祖的大喜事，因为这意味着我从此就吃上了国家粮，不用再从土里“刨食”了。父母乐得睡不着觉，笑得合不拢嘴。但在录取前的体检过程中，我因为个头小、体重轻，竟被无情地刷下来了。那时候我才知道，当老师也要个子高一点，身体重一点。负责体检的县城女医生，用无比惋惜和同情的口气对我说：“小鬼，你是不是从小挑柴挑多了？”后来，我退而求其次，悻悻地读了县重点高中，入学后，发现和我遭遇相同的“淘汰生”竟有十几人之多。我想，那时初中毕业生大都十四五岁，一些男孩子正处于生长发育阶段，身高还没有稳定呢，这是啥规定啊！命运本来不可假设，但我姑且假设一下，如果当年我被万年师范学校录取了，那么我必定会成为一名乡村教师，之后可能就地安家落户，终生献身乡村教育事业，也可能会改行，做一名基层公务员，还可能通过考研，奔一个时人认为更加光明的前途。但假设毕竟是假设，我被命运之手推向了另一条道路：读高中，上大学，然后还是当教师，当乡村教师。看起来有点殊途同归，但过程不同，结果的内涵便不同。这个“关键事件”，足够影响我的人生内容、人生走向、人生目标，用时髦一点的话来说，它影响了我的存在感、获得感、幸福感。

这样的“关键事件”，于我当然还有。每个人都会遭遇这样那样的“关键事件”。比如，王开东老师遇到了粗暴的小学老师，他们成就了他的敏感和对弱势群体的同情；大学老师陈同方在他毕业之际的谆谆告诫，成全了他对教师个人专业成长的理解和提升；后来他任教于苏州中学，通过对钱穆先生的学习，获得觉悟，拥有了对教育的全新理解。魏勇老师则回顾了他少年时的一次阅读事件与中年时的一次网络写作事件，这两次看起来平静无波的事件，从此改变了他的生命状态和精神格局。杨林柯老师因为学生家长的投诉，激情难抑地写了“万言信”，没想到一石激起千层浪，引发全国范围对教育价值的大讨论，于是，他成了“著名中学语文教师”。他说这起事件，是他个人的教育突围，也是他的自我救赎。还有凌龙华、李迪、张格、黄行福、王芳、曹书德、刘祥等一大批知名教师，品尝了他们从经历之海打捞出来的一条条“大鱼”，才知道一起起“关键事件”成就了他们的优秀，成就了他们的与众不同。

关键读物

许多人都知道读书的重要性。知识就是力量，读书改变命运。其中道理，无须多言。

但读什么书，怎么读书，这就不一定老少皆知了。我一向认为，读书是一门大学问。古人有很多讲究，比如孟子说“尽信书，则不如无书”，朱熹说“读书有三到，谓心到、眼到、口到”，曾国藩要求“读书第一要有志，第二要有识，第三要有恒”。英国哲学家培根有一段精辟的读书论，“读书使人充实，讨论使人机智，笔记使人准确……读史使人明智，读诗使人灵秀，数学使人周密，科学使人深刻，伦理学使人庄重，逻辑修辞之学使人善辩。凡有所学，皆成性格。”

读书重要，但更重要的是选择，选择读什么书，更能决定一个人的品位和格调。读书破万卷，下笔如有神。但万卷之中，使读者茅塞顿开，影响读者思想，甚至改变读者人生的书，才是读者人生中的“关键读物”，才是那种开卷有益的书，“善读之可以医愚”的书。

教师阅读，除了人类共有的丰富精神生活的需要，还有一定的专业发展需要。我曾经把教师的阅读内容做了一个分类，大致分为六个部分：涵养人文精神的书、培植教育理论的书、积淀教育智慧的书、学习班级管理的书、丰盈教育心灵的电影、高品质的教育报刊。我认为，一个优秀的教师，很有必要阅读这六个部分的内容。

有的书，影响人的一辈子；有的书，影响人的某个阶段。不管时间长短，它在人的性格塑造、事业发展、命运布局中都起着关键性作用。这样的书，无疑是读者的良师益友和灵魂伴侣。比如，《产生奇迹的行动哲学》《管理大师德鲁克》《如何改变世界》《从优秀到卓越》之于朱永新老师，《掌握人性的管理》《经济史中的结构与变迁》等西方企业管理类图书之于李希贵老师，《霍乱时期的爱情》《为什么读经典》《帕夫雷什中学》等之于闫学老师，《梁实秋散文》《给教师的建议》《张晓风自选集》之于王木春老师，《夏山学校》之于张荣锁老师，《365 夜》《展望二十一世纪》《灵地的缅想》《给一个青年诗人的十封信》《返璞归真》《圣经》之于郭初阳老师……

于我而言，影响巨大的书有《鲁迅作品选集》《复活》《围城》。鲁迅的书让我看清了中国的某些历史和现状，让我做了一个虽然不免痛苦但毕竟清醒着的中国人。托尔斯泰的小说，有震撼人心的道德力量，教人洗刷心灵的污垢。钱钟书的文人式幽默调侃，让我在沉重的写作面前，偶尔也享受南风习习带来的片刻欢愉。

朋友们，请选择好书吧！阅读精品吧！腹有诗书气自华，善读精品人自强。

《优秀教师的成长：关键人物》《优秀教师的成长：关键事件》《优秀教师的成长：关键读物》，我们称为“三关”丛书。“三关”，不啻于人生成长道路上的三大关口。据关自守，眺望千里风云；把关得当，创造美丽人生。画家李苦禅说：“鸟欲高飞先振翅，人求上进先读书。”早日使自己变得优秀，努力使人生变得美好，这是我们对广大教师朋友的良好祝愿！

此书面世，当衷心感谢源创图书的吴法源先生、王玉梅女士，感谢不吝赐稿的朱永新、李镇西、肖川、傅国涌等一大批名师学者，感谢中国人民大学出版社，感谢《教师博览》杂志，感谢参与校对的《教师博览》《江西教育》编辑敖小英老师！

方心田

2017年3月18日

李吉林：帮助我走向“我”

/周益民

诗人是令人敬慕的。其实，教师也在用心血写诗，而且写着人们最关注的明天的诗——不过，那不是写在稿纸上，是写在学生的心田里。

——李吉林

童年，“遇到”李老师

“人的童年提出了他整个一生的问题，要找到问题的答案却需要等到成年。我带着这个谜走过了三十年而没有思考过它一次，今天我知道在我开始出发时，一切都已决定。”一个偶然的机会，当我读到米夏埃尔·兰德曼的这句话时，心里有一种豁然的开朗。我立刻想起安徒生文学奖获得者、苏联著名儿童文学家和教育家米哈尔科夫的散文名著《一切从童年开始》。是的，一切从童年开始。我回首张望，猛然发现，童年其实已经孕育了今天的“我”，开始出发时，一切都已决定。

大概从小学三年级起，学校开始组织我们订阅各种报刊。我记得自己先后订阅过《少年报》《少年文艺》《儿童文学》，我自己还在邮局订阅了《江苏儿童》杂志。即便这样，我还是不满足，总希望读到更多的故事，亲戚、邻居们废弃的旧课本都成了我的宝贝。

我相信冥冥之中存在着某种缘分。一个平凡得没有任何特征的日子，我随手翻阅一本杂志，在密密麻麻的文字中随意穿行，一篇同龄人的习作吸引了我——《校园里的花》。作文不长，我一会儿就看完了，最后是指导老师的名字：南通师范第二附属小学特级教师李吉林。“特级教师”？我第一次看到这样的称谓，心中立刻充满了神圣与敬意。我好羡慕习作的小主人，不能想象他该享受着怎样的幸福与快乐。南通？那是一个并不遥远的城市，那儿就住着尊敬的李老师。李吉林，看这名字，是大哥哥老师，叔叔老师，还是爷爷老师？

《小王子》中说，仪式“就是使某一天不同于其他日子，某一钟点不同于其他时间”。那一天，那一刻，就是我生命里的一个“仪式”，我与李老师，与“特级教师”相遇了。

世界上最黏的胶水

初中毕业，我进入江苏省南通师范学校学习。

开学的第一天，我就听到老师们在谈论那个熟悉的名字。原来，自己已经来到她的身边。我心底的一角即刻苏醒，童年的记忆开始复活，梦想和现实有时竟只一步之遥。

要成为李吉林那样的老师，这成了我埋在心底的秘密。我不由分说地喜欢上了即将从事的职业，甚至被老师定性为“专业思想非常稳固”。

后来，就像追问“我从哪里来，要到哪里去”一样，我曾经追问自己，我为什么要做教师？李老师对我的影响到底意味着什么？

我从日本幼儿故事《竹笋的故事》中受到启发。春雨过后，竹笋开始在地下游戏。有一棵小竹笋感觉到有种神奇的力量在吸引它，它听到遥远处的一个声音在召唤，于是拼命往那个声音的方向钻。原来，篱笆墙外，有一个人在吹笛子，是悦耳的笛声吸引了它。后来，它长成了一棵健壮的竹子。最后，这根竹子被做成了一根能发出悦耳声音的笛子。

短小的故事蕴含了深邃的哲理。我们每个人其实都在寻找真实的自我。竹笋孩子听到自己心灵的召唤，最后，做了一根能发出悦耳声音的笛子，它已找到最积极、最真实的自我。李老师于我而言，正是那悦耳的笛声，我在这笛声的召唤下，找到了真实的自我，从此，踏上了教师之旅。我，走向了“我”。

作家陈丹燕在《我的妈妈是精灵》一书中说，“感情是世界上最黏的胶水”。我的心中充满着对教师职业的憧憬和热爱，我为未来的职业生涯积极准备着。

能够听一听李老师的课该多好！那是我当时的一个梦。一天，学校给我们发放了李老师的新著《情境教学实验与研究》，这本书系统阐释了情境教学的理论与实践框架，让人爱不释手。我贪婪地阅读着，想象并复原着一个个动人的教学场景，未来生活虚无却又真实地向我走来。

毕业分配时“双向选择”考核，我现场拿到课文《我爱故乡的杨梅》，回忆刚阅读完的《情境教学实验与研究》一书的理论，根据课文内容，依葫芦画瓢即兴设计了几个所谓的“语表情境”“音乐情境”“想象情境”，竟然获得了评委的一致好评。于是，我被海门市实验小学录用了。

纷杂外衣传递的爱

李老师常说“爱会创造智慧”。自成为“准教师”起，“爱”就成了我耳边复现率最高的字眼之一，年轻的心中充满了神圣感与使命感，脑海里一遍遍描摹着幸福的七彩蓝图。及至参加工作，我才知道，真正做到爱学生其实并不容易。现实中，有太多的无奈、焦虑、诱惑考验着我“爱”的耐心与执着。现在，我所理解的“爱”并非一句抽象的话语，而是附着在一个凝固的记忆影像中。

有一年，一个高规格的情境教育学术研讨活动在南通师范第二附属小学举行。时值初冬，已很有些凉意。下午有一场简短的汇报演出，中间我有事外出，看到一群小舞蹈队员正在隔间候场。她们已全都换好单薄的演出服，一个个搓着手，不时蹦跳着，以抵御凉意。当时的场地都还没有安装空调。这时，李老师走了过来，她看见这情景，一下瞪大了眼，大声对身旁的带队老师说：“这怎么行，快，赶快让孩子穿上衣服！”老师解释说：“马上要上场了。”“孩子的身体要紧，穿着外套跳。”李老师的语气不容置疑。接下来，与会的专家、代表们看到了这样的场景：孩子们里边穿着统一的漂亮的演出服，外面却又罩着自己各色的外套，有红色的毛线衣，有紫色的夹克，也有天蓝色的毛背心。这些着装纷杂的孩子们灿烂地笑着，舞动着内心的喜悦。参会代表们都被打动了，报告厅里响起了热烈的掌声。

也就在那一刻，“爱”在我的心中获得了前所未有的存在。这个缥缈的字眼，是李老师用她不经意中的一个举动，让我懂得了它的真正含义。在我眼里，那群身着纷杂外套的孩子，跳出了世间最美的舞蹈。于是，我也终于明白，为什么李老师数十年矢志不移，潜心情境教育的研究，在别人颐养天年的时候，她却又站在了新的起点，这些都是缘自她内心深处对儿童的热爱与理解。

字里行间的铅笔线

有一回，我承担了江苏省一个重要活动的教学研究课任务。尽管已经有了多次公开教学的经历，我的心里还是难免紧张。为了上好那堂课，我冥思苦想了好长时间，阅读了不少资料，终于拿出了教学设计，但总感到底气不足，把握不大。这时，我想到了李老师。尽管知道她非常忙，犹豫再三我还是鼓起勇气给她打了电话，没想到电话里李老师爽快地答应了。

按照约定的时间，我准时来到李老师的办公室。李老师正忙碌着，见我到了，微笑着招呼我坐下。我递上教案，心想，就修改一下，时间应该不会太久吧。

李老师接过教案，浏览了一下，就放在了一边，然后随手打开手边的教材，翻到了课文。看来，她早就做好了准备。

“小周，我们先读读教材吧。”她又随手拿出一支铅笔，开始一字一句地读起了课文。读几句，停一停，跟我讨论一下，谈她的理解，同时随手圈划。就这样，一句一句，一段一段，有时甚至不放过一个标点符号，一个个普通的文字逐渐变得鲜活灵动起来。我压根儿没想到李老师会这样跟青年教师备课，原以为她直接看看教案，提几点意见就完了。

再看面前的课文，字里行间，留下了密密的各种不同的圈点符号。在我的备课经历中，哪曾有过这样细致的课文研读！此时，李老师似乎已经进入了情境，她轻声启发着我：“这是一个夜晚，是什么季节？外面是如何的黑？我们来到了一间小小的屋子……主人公出现了……”真是奇妙，随着李老师的描述，我仿佛真的进入了课文展现的情境，原先感觉隔阂的内容立时变得可亲了。我真正领悟到，所谓“情境”，其实是课文所固有的。

经过这一番课文的“进出”，李老师这才重新拿起我的教案，跟我探讨具体的教学方式。其中一些问题，我在透彻地领会课文内容后，已然有所意识了。

当我走出李老师办公室时，小半天时间已经过去了。我明白，这次，李老师其实不只是在帮助我准备一堂课，她是在身体力行地告诉我，面对课文，面对教学，面对孩子，我们该拥有一种怎样的姿态。以后的日子里，课文中那些字里行间的铅笔线总在悄悄地提醒着我。

做长大的儿童

2003年，教师节来临之际，《人民教育》刊登了李老师的教育散文《我，长大的儿童》。文章犹如一首优美的儿童教育诗，浓缩着李老师成长的足迹，充盈着她“爱会产生智慧，爱与智慧改变人生”的育人情怀。我们都被她永远的童心与永恒的爱心深深打动。那天，我接到外地一位特级教师朋友的电话，她激动地告诉我阅读李老师文章的体会，让我一定代为传达对李老师的谢意与敬意。

李老师说：“生活在儿童的世界里的幸福感，无与伦比。”“我爱儿童，一辈子爱。如今我已不是儿童，但喜似儿童，我只不过是个长大的儿童。我多么喜欢自己永远像儿童!”

正是因为拥有一颗童心，她才会带着学生去濠河边看月亮，去长江边看日出，去寻找“秋天的田野”，让孩子们捋起袖子露出胳膊和丝瓜比粗细……正是如童心般探究的欲望，推动她一直为儿童精神世界的完满建构而孜孜以求。她的论著都是用火热的心、用心的实践、潜心的思索写就的。

学着李老师的样子，我也开始在小学里读我的“大学”，开始努力发现我们工作的逻辑起点——儿童，开始从课程的角度反思当下语文教学存在的问题。

我思考着，如何尊重孩子的童年时代，让他们在习得母语的过程中获得精神的成长。我想起了自己的经历，我从小喜好儿童文学，其中的真、善、美至今仍冲击着我的心扉，宛如初冬的暖阳辉耀着胸膛，这便是儿童阅读对于个体成长的意义。于是，我坚定不移地开始了童年阅读的思考与行动。“让孩子们在童年时代就找到喜爱的作家”“让孩子们拥有自己的书”“孩子自己也能写书”，秉承着这样的理想情怀，我和我的同事们热诚地给孩子们营建了一个“新月之国”。

最近两年，我又开始思考语言意识与人自身存在的关系，开始探索母语教学的民族根性问题。我发现民间文学是一种活体记忆，是生命开端状态的存在，儿童因为童谣等民间文学而在语言中获得了一种迥异于现实的生命体认。这是个体源初的精神家园、话语故乡。于是，我开始大胆地进行这方面的课程探索，将颠倒歌、绕口令、摇篮曲、传说故事等引入教学。尽管每一次都会遭遇很多困难，但我从中收获了无尽的满足与快乐。这期间，李老师每一次遇到我，甚至遇到熟悉我的人，都会关切地询问我的工作、生活情况。

在李老师心中，我还是个儿童，是个长大的儿童。

李老师，今天我是否也可以说：“如今我已不是儿童，但喜似儿童，我只不过是个长大的儿童。我多么喜欢自己永远像儿童！”

周益民

» 小学语文特级教师，现任教于南京市琅琊路小学。2004年在《人民教育》发表《无法预约的精彩》一文，引发关于“教育理想的追求、对语文教学价值的理解、对新课程理念的阐释”的全国大讨论。发表教育教学文章百余篇。

苏霍姆林斯基，您鼓舞了我

／闫学

寒假快结束时，我照例与学校各部门讨论新学年的工作设想。我和同事们都深深感到：想做的事情太多，再加上级部门布置的各项必须完成的工作，几乎每个月，甚至每周，我们的工作都排得满满当当。我提出一个观点：如果一项工作最终不是指向“人”，不是为了“人”的全面发展和终身发展，那么这项工作就应该坚决砍掉，或者重新考虑工作定位。这样一来，原本纷繁复杂的工作计划得到了重新梳理和整合，头绪减少了，目标清晰了，大家心中的焦虑也得到了缓解。

这是学校管理工作中一次非常平常的讨论，而在讨论中我和同事们达成了共识——教育是为了培养全面和谐发展的人。这其实是苏霍姆林斯基教育思想的核心观点，却早已照亮了我的教师生涯，像点点星光，无声地洒在无垠的原野。

遇见与追随：一线教师十三年

1991年走上教师岗位，2002年被评为特级教师，2004年成为语文教研员，算起来我有近十三年的一线教师经历。许多人惊诧于我的成长速度之快，猜测我是否有什么过人的天赋，或者得到了什么特殊眷顾。其实，如果说我得到了什么特殊眷顾，那就是我在教师生涯的起始阶段就非常幸运地遇见了一个人，读到了一本书，而这个人就是苏霍姆林斯基，这本书就是他最著名的《给教师的建议》。

我曾不止一次地向青年教师朋友讲起我的经历，像许多中国教师一样，我也深受苏霍姆林斯基的影响，尤其是他的经典著作《给教师的建议》。在走上教师岗位的最初两年里，我从豪情万丈变得充满迷惘，无力感与挫败感一度淹没了我，我找不到方向，甚至产生过离开的念头。但就在这时，我在学校阅览室里无意间遇见了苏霍姆林斯基，读到了他的《给教师的建议》。我第一次发现，教育可以作为一种信仰融入一个人的生命；第一次发现，做老师——哪怕是做一个小学老师、幼儿园老师，都会是一件非常美好的事情。我开始像苏霍姆林斯基那样写大量的教育日记，也写了许多教育教学类的小故事（后来我才知道这就是教育教学案例）。渐渐地，我观察学生的眼光发生了变化，我对课堂的思考也逐渐走向明晰和深入，这些又反过来让我的教育写作更加丰富、有力量。就这样，我开始了最初的教育叙事研究，而这些文字也成为我后来出版第一本教育专著的主要内容。

在做一线教师的十几年里，正是我逐渐成长、形成教育信仰与价值观的关键阶段，苏霍姆林斯基无数次将我从迷惘与困惑的泥潭中拉了出来。对我来说，他不仅是我的精神导师，而且在许多教育教学的具体问题上，他的一系列百科全书似的著作都在不断地指引和教导着我。我发现，在基础教育领域中遇到的各种问题，在他的著作中几乎都可以找到答案，甚至可以找到非常具体的解决问题的策略与方法。他的著作中大量生动、鲜活、翔实的案例，成为解决教育问题的教科书，也成为我的教科书。

不仅如此，他让我懂得了一个非常重要且非常素朴的道理：好老师都是为了爱孩子而来到这个世界上的，而孩子们都只爱那些爱孩子的人，这是教育成功的前提和关键。否则，再多的智慧，再高明的技巧，都是徒劳。

沉潜与求索：教育研究十年功

做教研员之后，我有了更多的时间研读教育理论经典。当我读的越多，我越加发现，由于苏霍姆林斯基的视野涵盖了基础教育的各个领域，回答了基础教育领域中教师可能面临的各种问题，因此他的著作也更有针对性和借鉴价值，甚至某些案例具备了很大程度的可操作性，而这是他区别于或者超越于其他教育大家的地方。认识到这一点后，我重新研读了苏霍姆林斯基在国内出版的所有著作，以及大量关于苏霍姆林斯基教育思想的评述著作，并做了十几万字的读书笔记。同时，我更多地站在中国教师的立场，结合苏霍姆林斯基的教育思想，全面反思和梳理当下中国教师所面临的种种问题，并试图寻找一些解决问题的方法和策略。这种研究改变了我的教研员生涯：我的研究视野逐渐超越了单纯的语文学科教学领域，转而朝向多方位、多板块、多主题的教育研究领域，并深深地沉潜其中，乐此不疲。

这种沉潜历时近十年，虽然十分寂寞，但又无比美好。2009年，我完成了《跟苏霍姆林斯基学当老师》一书；翌年，我又完成了《跟苏霍姆林斯基学当班主任》一书。这两本书一经问世，便受到一线教师的热烈欢迎，多次重印，成为教师用书市场上的一个奇迹。其实，真正让我自豪的是，当我阅读苏霍姆林斯基的著作，写作这些与苏霍姆林斯基相关的文字时，就是在与一颗伟大的心灵对话，他的著作中流淌在字里行间的悲悯的情怀，对心灵的关切、人性的尊重，以及永不言弃的理想与信念，深深地鼓舞着我：在这个世界上，教育工作固然充满了艰辛，但它是值得做的，因为当你把整个心灵献给孩子，你就一定能够找到每个孩子心底蕴藏着的宝藏，也一定能够想到办法去挖掘这些宝藏。

回归与前行：做校长数载忧欢

2013年，在做了将近十年的语文教研员之后，我离开教研室，来到学校做校长。

为什么要做校长？这是许多朋友心中的疑问。其实，对我来说，做出这样的选择是非常自然的，苏霍姆林斯基不也从教育局局长的位置上退下来，来到帕夫雷什中学做校长了吗？真正的教育家应该生长在学校。这些年我研究苏霍姆林斯基的教育思想，写作《跟苏霍姆林斯基学当老师》《跟苏霍姆林斯基学当班主任》两本书，其实在我的心中早已种下一个梦想——我要回到学校，回到教育的现场，我必须像苏霍姆林斯基那样，在最真实的教育现场中，让梦想的阳光照进现实。

感谢苏霍姆林斯基，他始终鼓舞着我，不仅给了我梦想的指引，也给了我行动的勇气。

我去的是一所普通的学校，当时正面临发展的种种困难。我做校长后的第一件事便是打造“家校联盟”，开办家长学校，构建家长课程。有些朋友不理解我为什么不首先去抓教师队伍、课堂教学，不首先去做一些能够让学校看起来马上焕然一新的项目，反而去做“家校联盟”这种十分繁难又很可能费力不讨好的事情。这些年我研究苏霍姆林斯基的教育思想，对苏霍姆林斯基关于家校合作的教育思想深感认同。苏霍姆林斯基说：“教育学应当成为一门众人的科学——不论是教师还是家长，都应该懂得教育学。”他凭借着对教育高度的洞察力和对儿童成长规律的深切理解，看到了家庭教育、社会教育在儿童成长中的重要性，十分重视将学校教育和家庭教育、社会教育结合起来，尤其是家庭教育对儿童成长的重要影响。他甚至认为学校里的一切问题都会在家庭里反映出来，学校在复杂的教育过程中产生的一切困难的根源都可以追溯到家庭。在这种思想的指导下，家长就应该作为一种非常重要的力量加入到教育中来，既是教育者，同时又是被教育者。

我做校长后另一个重要举措是将学校打造成了书籍的王国。这是苏霍姆林斯基对学校的描绘，也是我做校长的一个梦想。我和同事们创办了爱丽丝绘本馆，被朋友们誉为“国内最美的校园图书馆”，同时研发了爱丽丝绘本阅读课程。我们还在每一间教室、每一条走廊都摆放了孩子们爱读的书，让孩子们随时随地都能读到书。

支撑我克服困难、构建书籍王国的还是苏霍姆林斯基。他凭借多年的教育教学经验，发现阅读与学习困难之间的关系，认为阅读是对学习困难生进行智育的重要手段。阅读会让孩子们看到所生活的世界之中万物之间的复杂联系，并由此逐渐学会认识世界、认识别人、认识自己，智慧之门由此开启。因此，我在与学校老师一起讨论如何帮助那些学习困难生的时候，一个很重要的观点逐渐成为我们的共识：帮助学习困难生不是靠补课，也不是要求家长在周末一定要把孩子送到各种补习班，更不是布置大量的试卷让学生回家去做，而是强调让这些孩子大量的阅读。先从感兴趣的书籍入手，再逐步阅读那些有助于开启学生智慧的好书；不光是利用在学校的时间阅读，还要求家长参与进来，给孩子提供阅读的基本条件。我和家长聊天的时候，谈论比较多的话题是如何提高孩子的阅读能力，以及孩子在家中可以读什么书。当家长为孩子的学业成绩不理想而焦虑时，我们给出的主要建议也往往是阅读。

2015年，我和同事们创办了“功夫熊猫班”，旨在用快乐的身体游戏帮助一群肥胖的孩子减轻体重。同事们为此付出了许多辛劳，没有任何津贴，也不在上级部门对学校的评价考核之内，但我们都认可苏霍姆林斯基的观点，“对健康的关注是教育工作者的首要工作”，因此，“功夫熊猫班”坚持了下来，也赢得家长们由衷的感激。

这些努力让学校在短短几年内实现“逆袭”，成为一所教育质量优异并得到家长广泛认可的区域名校。许多人问我成功的经验，其实若真有什么成功的经验，那就是我比较成功地将这些年来对苏霍姆林斯基教育思想的研究，在学校教育工作的局部进行了尝试。苏霍姆林斯基始终引领着我，鼓舞着我，我是跟随着苏霍姆林斯基学当校长的。

闫 学

» 小学语文特级教师，“无边界教育”首倡者，“爱丽丝绘本阅读”课程创始人与主持人。现任杭州市建新小学、杭州市新华实验小学校长。出版专著《教育阅读的爱与怕》《跟苏霍姆林斯基学当老师》《跟苏霍姆林斯基学当班主任》《小学语文文本解读》《给教师的阅读建议》等。

影响我生命的关键人物

/ 朱永新

父亲的礼物

要说影响我生命的关键人物，我的父亲应该是第一人。这不仅因为通常说的父母是孩子人生的第一任老师，更重要的是因为父亲在我生命中留下了不可磨灭的印记。

父亲是小学教师，最初在家乡的小镇上教书，后来到一所乡村学校担任校长。我们只有周末才能见到他，幼时对他的印象是模糊的。

父亲中师毕业，那个时代的师范生，综合素质都很高。我曾看过他拉手风琴的照片，那是一个洋溢着青春气息的年轻人。遗憾的是，他音乐方面的才能没有遗传给我，也没能让音乐始终伴随他自己的人生。

“文革”期间，父亲曾经带我去他工作的乡村小学。看到校园里贴满了批判他的“大字报”，我惊恐万分，他却不动声色。他那如山一般的静默沉稳，让我也不知不觉镇定下来。

晚上，校园里只剩下我们父子俩，这时我听到了父亲的歌声。虽然他不再操琴，但开心时会情不自禁地唱起歌来。半夜里，我听到了“猫叫”，我呼唤父亲，他却开心地笑了起来，说是他在吓唬房间里的老鼠。

父亲在家的时候话不多，因而常害得我们兄妹久久地揣摩他的心思。在母亲打我们的时候，我们天真地跑到父亲那里告状，他也耐心地、煞有介事地“倾听”。现在我做父亲了，才知道，他们其实是“穿一条裤子”的。

父亲的敬业精神更是给我们留下了深刻的印象。无论是当小学老师、小学校长，还是后来当镇里的文教助理、县聋哑学校的校长，他都兢兢业业，全身心地投入工作。他曾自豪地对我说：“我要么不做，要做就做最好的。”我的父亲，小镇上的一位普通教师，却被评为“全国模范教师”，这份荣誉或许就是对他多年追求的最好褒奖。

大概从我读小学一年级开始，父亲每天早晨5:30就会准时把我从床上拖起来，叫我做一件我很讨厌的事：习字。无论是酷热难熬的夏日，还是滴水成冰的冬天，都要千篇一律地临摹柳公权字帖。其实，我也是小和尚念经——有口无心，自然是没有练好字。尽管如今我的毛笔字还过得去，也有人说我的字有“风骨”，但终究没能成为书法家。

只是歪打正着，有心练字字未练好，却让我养成了一个好习惯：早晨睁眼即起，每天的工作时间比一般人至少多两个小时。当人们还在梦中酣睡时，我已经挑灯早读了；当人们起床洗漱时，我已经工作了两个多小时。

小时候我经常埋怨父亲，甚至在心里把他比作《半夜鸡叫》里的周扒皮。现在看来，这是父亲送给我最大的人生财富。如果每天比别人多工作两个小时，1年就多了730个小时，50年就多了36500个小时，也就是多了1520天，按照每天工作8小时来算，差不多延长了12年的生命！而且这每1分钟都是有效的生命！

2006年2月18日，父亲永远地离开了我们。但是，当我每天早晨5点左右起床，在写字台前伏案工作的时候，脑海里经常会浮现出他的身影。是他，培养了我人生最好的习惯——早起。

同学的情谊

1978年初，我从江苏苏北的一个小镇，来到苏州一所当时叫作江苏师范学院，后来改名为苏州大学的学校。从此，我的生活，我的命运，就与这个城市、这所大学紧紧地联系在一起。

刚进学校的时候，我读的是政史系，班级有一百多人。不久，政史系分为政治教育和历史教育两个系，但班上的同学已经感情深笃，不愿分开。同学中许多是老三届，不仅社会经验丰富，而且基础知识扎实，外语能力卓越，我经常暗自感佩。而我们的老师，大部分也是满腹经纶、才华横溢，教学时循循善诱。如著名的哲学家、留苏的博士吴建国先生，著名的历史学家董蔡时、段本洛先生等。被耽误的师生，一起用心地在教室里耕耘，演绎出许多感人的故事。

听同学们谈笑风生、说古论今，我内心深处经常有强烈的自卑感，于是，开始拼命学习。读中学时基本上没有学过外语的我，有一段时间疯狂地学习英语，把薄冰编的英语语法书、张道真编的英语教材翻了又翻，读了又读，嫌枯燥，于是找来原版书边翻译边学习。记得当时我翻译了一本《东方故事集》，还兴致勃勃地投稿到出版社，尽管没有出版，但是，从此我不再惧怕学习外语，后来我到日本学日语时，也是如法炮制。

我的同桌刘晓东是高干子弟，他喜欢读书，经常逃课泡图书馆。他告诉我，读书比听课效率高，而且收获大。我不敢逃课，但是经常读他借来的书，有《文明论》《第三帝国的兴亡》《林肯传》《光荣与梦想》等。后来我去图书馆借书，几乎两三天换一批书，与图书馆的老师们混得很熟，经常多借几本回去。

那是我一生中最充实、最幸福的时光。我曾给在大学读书的儿子写过一封信《大学是读书的天堂》，写的就是我自己的切身体会。我不敢说，自己那个时候真正读懂了多少，但是，我的阅读习惯和兴趣从此养成。今天，我成为在全国有一定影响力的全民阅读的推动者，应该说，与当时的阅读经历是分不开的。刘晓东同学对我阅读兴趣的影响，是至为关键的。他将我的注意力从对课堂学习的关注，对考试分数的兴趣，转移到浩瀚无边的书籍中。

书读多了，就有了写作的冲动。记得当时许多同学对作业怨声载道，我却并不介意。我把每次的作业当作挑战，力图写成有一定专业水准的文章。

那个时候，有一段为文学疯狂的日子。卢新华的小说《伤痕》点燃了许多大学生的文学梦想，不仅中文系的同学热情高涨，我们文科其他专业的学生也如痴如醉。现任江苏省作家协会主席的范小青当年与我们同在钟楼前的老文科楼里学习，那个时候我不认识她，只听说中文系有个才女发表小说了。文科楼下经常有他们的作品展示，我们班的荀德麟也经常与中文系的学生唱和。我也开始大量读文学作品，读中外诗词，也悄悄写了不少诗歌。当然，大部分是不能登大雅之堂的。但是，我从此喜欢读诗，喜欢富有诗意与激情的生活。

1980年上半年，学校急需补充教育心理学专业的教师，决定在大三学生中选拔五人送到上海师范大学教育心理学研修班深造，有几百名同学报名。我过关斩将，有幸成为其中一员。

同年9月，在新的大学，我交到了新的朋友，其中袁振国是最特殊的一位，堪称我学术界“青梅竹马”的朋友。

振国比我小一岁，应该是我的老弟了。我们在大学三年级时分别从苏州和扬州来到上海师范大学，振国最初给我的印象是扬州才子。到底是中文系出身，他优美的文笔让我羡慕不已。学习的时间不长，他的一篇关于灵感研究的论文就在上海师范大学的学报上发表了。我不太同意其中的一些观点，于是，有了我们频繁的讨论和“争吵”，有了我的商榷文章。而我们的友谊，就在这讨论和“争吵”中萌芽与成长。

那时，我们可以说是无所畏惧、豪气满怀。记得有一次，我对振国说，“总有一天，我们要让自己的著作像弗洛伊德的著作一样，走进每个人的书架！”于是，我们疯狂地读书，疯狂地写作。我们以两个人的名义在《中国青年报》和《南京日报》等报纸上开设了专栏，我们在《心理学探新》《苏州大学学报》等刊物上联合发表论文，我们的第一本书《心理世界窥探》也由江苏科技出版社正式出版。《心理世界窥探》是我们合作写的第一本书，当时我们都还只是二十多岁的年轻人。

在写作上，为了能赶上振国这位中文系的才子，我只好在遣词造句上下功夫，精雕细琢，用心打磨。通过一系列“小文章”的撰写，我的写作能力大大提高了。现在很多朋友说喜欢我的文字，很大程度上要归功于这个时期的训练。

后来，振国考取了华东师范大学的研究生，从硕士一直念到博士，毕业后留在华东师范大学工作，后来担任了教育系的主任。再后来，他通过公选到教育部工作，先后担任社会科学司与师范教育司的副司长、中国教育科学研究院院长。后来我也来到北京工作，担任中国民主促进会中央委员会副主席。我们共同发起了中国教育三十人论坛，为中国教育改革与发展建言献策。

刘晓东和袁振国，一个从阅读上，一个从写作上，给了我关键的影响。我一直认为，阅读是站在大师的肩膀上前行，写作是站在自己的肩膀上攀升。阅读和写作，是一个学者不可或缺的基本功。两位同学一直与我情同手足，我一直把我们的友谊珍藏在心中。

恩师的教诲

1980年9月，我通过考试被选送到上海师范大学教育心理学研修班学习。那是“文革”后心理学科首次在该校重新开课，学校派出了阵容最强的师资队伍。当时“四人帮”刚刚被粉碎，教育科学的元气尚未恢复，但一批著名的教育心理学家已经张开双臂拥抱即将到来的“科学的春天”，其中对我影响最大的是恩师燕国材先生。

一天，教室里来了一位个子不高但气度不凡的中年人，上课铃一响，他就健步登上讲台，在黑板上写下“标新立异，自圆其说”八个大字。后来，我们才知道，这就是学术界的一位传奇式人物——燕国材教授。燕先生博学多才，这八个大字就是他倡导的治学方法，激起了我的创造冲动。他反对“言必称希腊，言必称西方”的心理学教学与研究，主张系统整理中国古代心理思想的遗产，并身体力行，出版了《先秦心理学思想研究》等一批专著，引发了我研究中国心理学史的激情。他把“创新”作为治学的灵魂，也作为对弟子们的期待，后来，他确实用这种精神把我们带进了心理学的世界。

燕老师给我们开设“心理学概论”“教育心理学”和“中国心理学史”三门课程。有一次，他用“蜂蝶纷纷过墙去，却疑春色在邻家”开始他对“中国心理学史”课程的讲授。这句也许不太经典的诗，却激起了一个年轻学子的强烈冲动——研究中国心理学史，破译中国人心灵的密码！于是，有了我们师徒间的长期合作，有了中国心理学史上的一段佳话！

我的第一篇习作《朱熹心理思想研究》被燕老师带到一个重要的学术会议上，向潘菽、高觉敷教授等大力推荐，很快收录在两位老前辈主编的《中国心理学史》文集中。我的第二篇习作《二程心理思想研究》被燕老师推荐到权威核心期刊《心理学报》，很快变成了铅字。

我被破格推荐参加《中国大百科全书·心理学卷》的编纂工作，没想到撰写的条目被出版社编辑作为“样板”条目提供给其他作者参考，还闹出了责任编辑张人骏教授到苏州大学寻找“朱老先生”的笑话……

在燕老师的指导下，我们合作撰写了一些著作与论文，如《非智力因素与学习》《地球上最美的花朵——心理学纵横论》《现代视野内的中国教育心理学史》《刘邵〈天才性理〉对于大脑研究的贡献》《中国古代心理学思想史》等，他从不以先生的口吻教训我，而总是用朋友的方式与我沟通。

后来，燕老师鼓励我独自开拓新的研究领域，如中国犯罪心理学史、中国管理心理学史。当我有新的著作出版时，当我获得一个个国内外科学研究基金时，他总是为我喝彩，为我加油。

从1982年起，在燕老师的推荐下，我先后参加了全国统编教材《中国心理学史》《中国大百科全书·心理学卷》的编写工作，受到比较系统的中国心理学史研究方法的训练。而《心理学人物辞典》和《心理学著作辞典》的正式出版，则可视为我单独开展中国心理学史研究的标志。此外，我还发表了《张载的学习心理思想》《王廷相心理思想初探》《刘智〈天方性理〉对大脑研究的贡献》《十年来中国心理学史研究的进展与反思》等四十余篇论文，大多在国内影响力较大的《心理学报》《心理科学通讯》《心理学探新》《教育研究》等刊物上发表。其中我在美国《大脑与认知》杂志上发表的《中国古代学者对于大脑研究的贡献》一文，把世界上关于大脑功能定位的学说提前了近一百年，为我国心理学界争得了荣誉，引起国际心理学界广泛关注，二十多个国家的三十多位学者来函祝贺，并索要论文。这一系列的研究使我初步完成“探矿”工作，具备了对中国心理学史的框架性认识，也初步掌握了中国心理学史的研究方法。

这一时期，我还参加了全国统编教材《中国心理学史》和《中国心理学史资料选编》的编写工作，前者作为主要作者和统稿人，后者作为副主编和主要作者参与其中。在我的心理学研究生涯中，最感幸福的是和许多前辈学者一起参加了中国心理学史的学科建设，为这门学科的形成与发展奉献了自己的一点力量。

如果不是后来工作岗位发生变化，也许我一辈子都会以心理学作为研究方向。虽然现在我不再从事心理学史的研究，但是跟随燕老师研究中国心理学史的那段时间里，我的学术态度、学术情怀有了很大的改变，学术能力得到很大的提升，并终身受益。

1987年，我被破格从助教晋升为副教授，成为苏州大学和江苏省最年轻的副教授。1990年，我应邀赴日本从事学术研究。1993年，我成为全国综合性大学最年轻的教务处长。

上万人的大学，面临与苏州医学院和丝绸工学院的合并，教学和管理的担子压在我的肩上，沉甸甸的。

于是，我想到了学习。求学当找名师，弄斧要到班门。有专家告诉我，距离苏州最近的管理学名家应数同济大学经济与管理学院的教授沈荣芳先生，他曾担任过同济大学经济与管理学院院长，中国人类工程学会首任理事长，国务院学位委员会管理科学评议组成员，中国系统工程学会、中国运筹学会、中国基建优化研究会、上海系统工程学会、上海土木工程学会、上海固定资产投资研究会等理事长或副理事长。

沈老师也是在我国工科院校的管理学专业最早开设“运筹学”“数理统计”课程的教师，出版《现代管理科学基础知识》《应用数理统计学》《管理数学》《运筹学高级教程》《现代管理方法》等多部著作与教材，是国内著名管理工程和系统工程专家，在城市发展与系统管理的研究方面做出了重大贡献。

看沈老师的简介，我觉得自己的专业背景与他的研究方向有关联，所以就大胆地和他联系了。

第一次见面，我就提出把高校教学管理系统作为我博士学位的主要研究方向，沈老师给予充分肯定。他说，他一贯主张博士生不是为了写一篇论文，应是为了解决一个问题而做研究，这样才能真正地学以致用。他的一席话，让我如释重负。因为大部分博士生导师，希望学生为自己的研究“打工”。在沈老师的教导下，我自己在成为博士生导师以后，便往往要求学生以新教育实验为主要研究方向。

在沈老师和吴启迪教授的指导下，我顺利完成博士论文，提前半年被授予博士学位。一年后，以我的博士论文为基础的《高等学校教学管理系统研究》一书由江苏教育出版社出版。

这本书以苏州大学为案例，提出旨在全面提升学生素质与能力的激励性主副修制、必读书目制度等具有一定创造性的教学改革措施，提出面向21世纪教学管理改革的基本思路，对高校教学管理实践具有一定的指导意义。分管高等教育的时任教育部副部长周远清教授为此书作序，并给予较高评价。

博士论文完成以后，我的工作岗位又一次发生变动。1997年12月，我当选为苏州市人民政府副市长。我决定乘胜追击，继续做博士后研究，再拜一位名师。于是，我有缘遇到苏东水教授。

我认识苏老师，是因为先知道他的《管理心理学》。有一次我看上海的报纸，发现上海哲学社会科学领域的一个重要奖项被苏东水先生的《管理心理学》获得。我研究心理学多年，怎么没有听说过苏先生？这是从哪里杀出来的一匹研究心理学的“黑马”？后来才知道，他就是鼎鼎有名的复旦大学首席教授、著名经济学家苏东水先生。

一个经济学家怎么会出版管理心理学领域的著作？他的研究究竟与心理学家眼中的管理心理学有什么不同？我决定走进苏老师的世界。

真正走进去，我才发现这是一个宝藏，一个非常复杂的世界。苏老师的研究领域非常广阔，从宏观的国民经济管理学到微观的管理心理学，从西方的经济学理论到东方的管理学思想，涉猎的学科有经济学、管理学、心理学等。同时，他还是一位热心的社会活动家，不仅为地方政府做经济发展的顾问，还创办了东亚管理学院等教育培训机构。他的学生来自五湖四海，从政府高官到企业名家，从学界精英到社会名流，还有优秀的大学毕业生、研究生，几乎所有的人都以能成为苏东水老师的学生而感到自豪，每年的东方管理学术研讨会，几乎成为苏门弟子的大聚会。

苏老师是一位具有大智慧的学者，他对学问的把握，往往是宏观、整体的。国民经济问题、东方管理问题，一般的学者不敢问津，但他却研究得有声有色。管理心理学这样相对微观的问题，他也是用宏观的方法，从文化、人性的角度去研究，这使得他的分析比心理学家研究的管理心理学就高了一个层次。

苏老师对学生非常关心，凡是能够帮助的事情，一定会尽力。1999年，我主持的国家自然科学基金项目的成果《中华管理智慧——中国古代管理心理思想研究》即将出版，邀请苏老师为书写一篇序言。在那个炎热的夏天，苏老师及时寄来亲笔签名的长序。他热情洋溢地写道："阅读此书，能够从中领略五千年管理文化的苍劲与淳朴，体验古老文明活力的悠久与蓬勃，感悟古代先贤管理智慧的深邃与高远，这对现代企业管理者和管理理论研究者都具有重要的意义。"他对我们下一步的研究充满期待与信心。

本来，我可以把《中华管理智慧——中国古代管理心理思想研究》一书作为博士后的研究成果，这样毕业论文答辩时就会非常轻松，与苏先生研究的方向也非常吻合。但是，就在此时，我担任了苏州市副市长。苏老师建议我结合自己的工作重新写博士后毕业论文。因此，我重新选择，以"中国开发区组织管理体制与地方政府机构改革"为研究课题，并在苏老师等复旦大学教授的指导下，顺利完成了论文的写作。记得苏老师曾对我说："你们行政管理干部的研究，不仅要有学术意义，更应该对自己的工作具有指导意义。"这对我今后研究教育问题，也起了非常关键的作用。我现在之所以能够走出象牙塔，能够与火热的教育生活紧密地融合在一起，与第一线的老师们紧密地团结在一起，与苏老师当时的教诲有密切关系。

师恩如山。我的人生中有许多让我刻骨铭心的老师。虽然每一位老师有不同的研究领域、不同的处世风格，但他们对待学生的热情相同，对待人生的态度一致。从他们身上，我能够呼吸到崇高，感受到慈爱，体验到责任；从他们身上，我也学会了怎么去做老师，去影响自己的学生。燕国材、沈荣芳、苏东水，这三位我不同学习时期的老师，从做学问到做人，都给予我关键性影响。

写到这里，我记忆的闸门被打开，一个个名字浮现在脑海。是的，在我生命的历程中有太多的关键人物，如一些报刊、出版社的编辑朋友，如我不同时期工作单位的领导，如我新教育的同人，我想，再用十个八千字的篇幅，也是难以写完的。但是，我会永远记住他们对我的关心、帮助、提携，我会用我的努力回报他们。

朱永新

» 全国人大常委，中国民主促进会中央委员会副主席，中国教育学会副会长，苏州大学教授、博士生导师，新教育实验发起人。著有《朱永新教育作品》（十六卷）、《朱永新教育文集》（十卷）等。

我的老师

/ 肖川

中国古代讲“天地君亲师”，“师”与“天地君亲”并列，说明我们的祖先对文化血脉、精神传承的重视。仔细想想，父母给予我们自然生命，而老师却参与我们社会生命和精神生命的创造与建构。人作为万物之灵，精神生命高于社会生命，更高于自然生命，尽管这三者并不能简单割裂。

我小学和中学时期的老师的背影大多模糊了，这背后的原因也许同我的成长背景有关。二十世纪六七十年代，在农村的中小学里面，有较高专业素养的老师可以说是凤毛麟角。作为老师，唯有专业素养可以构成他的影响力，从而在学生心中留下深刻而美好的记忆。有爱心、热情高、渊深的知识、教学的技艺、和谐的个性无一不是教师专业素养的构成要素。

我在读大学本科和研究生期间都遇到过对我影响比较大的老师，其中对我影响最大的有六位老师：当时哲学系的陈仲华老师，我所在教育系的王策三老师、郭齐家老师、王炳照老师，我的导师孙喜亭老师、成有信老师。

大二上学期（1981年9月至1982年1月），陈仲华老师给我们上哲学课，讲辩证唯物主义。陈老师讲课非常投入，浓重的四川口音里满含着对工作和学生的热情，以及他对社会、人生的理解。有一次讲课，他调侃自己个子矮小，这让我平生第一次知道，人可以揭自己的短而不失自信。期中考试的时候，陈老师连续三个晚上为同学们复习答疑。一天，我同班的一位同学告诉我：“陈老师说你是全年级同学中最有才华的人。”我既有点得意，又有些不敢完全相信。在我四十岁以前，时常有人夸赞我的才华，但我从内心里并没有真正确信过这一点。直到过了不惑之年，我才慢慢发现，自己在对诸多问题的理解上，在对事物内里的洞察上，的确比多数同人更精深、更精准一些。陈老师在那个时候就看到了这点，并给予我热情的鼓励、耐心的教诲和细心的呵护，现在我常常感恩他老人家的良苦用心。

课程结束后，我常去陈老师家。那时我没有钱，也不懂得如何得体地表达感激之情，最多是寒暑假回家带些腊肉之类的不成敬意的薄礼。逢年过节，陈老师常叫我去他家吃饭，陈老师做的菜好吃极了。师母为人极其质朴，也非常慈爱，我每次去，她总是热情相迎、嘘寒问暖，就像母亲对待自己外出游历突然归家的孩子。所以我在陈老师家从来没有感到过拘束。

陈老师一家曾经给予我的无私慷慨的帮助令我没齿难忘。那是1985年的春天，我年届六旬的母亲第一次也是最后一次到北京看我。那时我在读研，课业任务繁重，没有时间打工赚钱，是穷学生一个，住在五人一间的集体宿舍。住旅馆怕花钱，我只好让母亲借住在我班女同学的宿舍。住了一晚，第二天那个女同学提出，希望我能够帮我母亲另找地方住。正在我为难之时，陈老师主动提出让我母亲住他家。我并没有告诉我的老师，当然也包括陈老师我的母亲来北京的事，不知道他是怎么知情的。后来我问过他是怎么知道的，他只说记不得了。其实，陈老师家并不宽敞，不到四十平方米的两居室住着三口之家。当时陈老师的大儿子在上海上大学，小儿子在上初三。我的母亲在陈老师家住了六个晚上，临走时陈老师还特意做了一桌菜为我母亲饯行，那是一顿丰盛的午餐，一顿足以温暖我一生的午餐。

母亲从北京回家后不到一年就病倒了：高血压中风导致半身不遂。母亲患心脏病、高血压已有多年，生怕自己身体不好不能看看我读书的地方。在生命的最后几年里，她不止一次对我说，“幸好1985年去了北京，要不就去不了了”“你有那么好的老师，是你的福分”。是呀，一个大学教授让一个非亲非故的农村老太太住到自己并不宽敞的家中，这有几个人能够做得到呢？一个有着如此高尚情怀的人，一个对你如此厚爱的人怎么会不让你感念一生呢？我将陈老师怎样待我的事告诉我的妻子、我的儿子、我的哥哥姐姐、我特别要好的朋友，他们都非常感动。特别是我的妻子，她常常提醒我多去看望陈老师。大前年，陈老师八十华诞，我写了一副寿联：“寿比南山只因报国有功，爱生如子乐得延年益寿。”一副寿联不足以表达我对陈老师的感激于万一，但陈老师甚是欣喜。这里有必要交代一下，寿联里说陈老师“报国有功”，是因为他青年时期曾奔赴朝鲜战场，并且在战场上负了伤。在我心中，陈老师是在现实世界里可以找得到的最具有生命温度的教师的楷模。

王策三老师给我们1980级学生上了一学年的教育学，每周半天，三节课连续上。我很早就意识到，王老师是他那一代人中对教育学理解最为通透的学者之一，他的学术建树也将是最经得起岁月检验的。随着我学识的积累和眼界的开阔，我越来越确信这个判断。上学时至工作后多年，我也常去王老师家。一个本科生，时不时地跑到老师家里问问题，如果那个老师是我，一定不会多情愿多热心。说实话，我现在都能想象那个时候的我一定存在着对别人情绪反应不够敏感的问题，可我记得的是王老师总是很有耐心、很平等、很仁爱，他真诚地欣赏我的问题并对我教诲不倦。他笑容满面的神态是我人生旅途中一道灿烂的风景，他帮我斟词酌句修改过的文稿，至今我还保存着。每次从他家走出来，我的内心都充满温暖、希望和力量。我想，这就是好老师。一个人在成长中能遇到这样的老师是多么的幸运啊！那时候我们的老师没有自己独立的办公室，电话也不普及，学生有什么事情根本不可能事先打电话预约。我常常是心血来潮就登门拜访了，却不知道表达感恩，哪怕是微小到夏日里的一个西瓜或清明后的一包茶叶，现在想来，我的内心仍然充满愧疚。

今天，我常常想起王老师对我做学问的方法的教诲，以及他在人情世故上的智慧。王老师待人恳切，谦和中带着自信。他的内心极其平和，无论多么极端的情况，他的评论中几乎都没有激愤之词。尤其令我印象深刻的是，无论议论到谁，他总能发现别人的闪光之处，并给予真诚的欣赏和赞美。在那么多次的交谈中，我从来没有发现他对谁有过恶意。有人总结出良好的人际沟通的秘诀，“嘴里没有否定，眼中没有蔑视，表情没有冷漠，动作没有威胁”。这几点王老师都做到了，那是有着很高人格修养的人才能真正做到的。

后来王老师搬到校外去住，因为我们两家的住所有了点距离，再加上我要做的事也多了起来，我去他家里的次数就少了。每当我对某些问题有困惑，或者有自鸣得意的理解时，我都会想到向王老师诉说。他不是我的导师，可在我心中，他是我最重要的一位精神导师，是我自觉非常熟悉又非常敬重的前辈。

郭齐家老师上的是“中国教育史”这门课程。当时有两位老师给我们年级上这门课。我在一班，郭老师给二班上课。郭老师不仅对古典文献了如指掌，许多历史人物的轶闻趣事时常娓娓道来，而且对教学一丝不苟，课讲得十分有感染力，因此他的教学具有超凡的吸引力。由于两个班上课的时间相同，我们一班的同学经常冒着得罪教我们的老师的“危险”去听他的课，我就是这些人中的一个（从结果看，我和同学们都是“小人之心”了），就这样我和郭老师相识了。

郭老师是一位真正的儒者。尽管他是城市家庭出身，却对农村家庭出身的贫寒子弟并不歧视，反而对从农村出来的贫寒子弟格外关注，格外提携，尤其是对家境困难的同学总想方设法给予帮扶，包括找工作。

上学时，以及工作后，我时常去他家。有年春节，我没回湖南老家过年，郭老师便叫我去他家吃饭，吃了午饭，还非叫我去吃晚饭不可，我很过意不去却又盛情难却。我成家后，我的孩子还没有出生，他就和麻师母一道送来婴儿用品，并向我和爱人传授育儿经验。我在和他的交往中，总感觉到真挚而又浓郁的人情味。后来，郭老师携麻师母去了北京师范大学珠海分校，我和他的交往便少了，但每每想到郭老师时，我心中的那份温暖与感激，并没有因为距离的变化而减少。

我的硕士研究生导师孙喜亭老师患病不能说话已整整十年了。刚患病时，孙老师每次见到我都会很难过，止不住地流泪。我想这是由于孙老师很要强，对自己不能在学术园地里继续耕耘有些沮丧和感伤吧。对此，我也特别伤怀。20世纪90年代以前，也就是在孙老师60岁以前，他和同时代的许多人一样，日子过得并不轻松：经济的不宽裕尚在其次，精神上的压抑才是主要原因。那个年代，孙老师骨子里刚毅、倔强，不会溜须拍马，更不会卑躬屈膝，使得他不被重用，也让他感到不得志。在我看来，他是被一个不好的时代耽误了的人。孙老师是极有才华和胆识的人，他的一颦一笑，他的举手投足间有着一种天然的不怒而威的领袖风范。如果赶上好时代，孙老师是可以在人生的大舞台上叱咤风云一番的。

许多学生都怕老师。可我对孙老师没有一点畏惧感，反倒觉得他亲切、平和、仁慈、朴素。有时我坐在他的对面，低头沉思片刻也沉默片刻，抬头和他相视一笑，我的心中就荡漾着花样的涟漪。他对学生就像对自己的孩子，唯恐学生受了委屈或遭人算计。1989年中国的那场风波过后，孙老师那一辈的一位女教师到海南出差，回来后说在一本杂志的封面上看到我参与游行、演讲的照片。那时我刚留校工作两年。孙老师听说此事后，找到那位女同事极其严肃地指出她不该传播此等信息。我倒没有特别在意，而孙老师反应强烈，我想他一定是对“文革”那一套心有余悸且护犊情深吧。孙老师对我的好，对我的鼓励，我心领神会，成为我至今不敢懈怠的动力。

成有信老师是我攻读博士研究生时的导师。成老师在学术成就上有许多引以为傲的记录。他在《中国社会科学》上发表过四篇长篇学术论文，这在教育学界是空前的，恐怕也是绝后的。成老师和孙老师是真正的好朋友，两位老先生惺惺相惜，相互扶持，给我留下了同道相处的榜样，特别是他们共同拥有的刚正不阿、不畏强权、仗义执言、敢于承担的品格对我产生极大的影响。在我博士论文的答辩会上，成老师当着他的八位同事（这其中就有王策三老师和孙喜亭老师）和一些来旁听的老师与同学说："肖川对教育的认识超过了我。"这当然是对我的鼓励，但能够在那种场合这样评价自己的学生，需要多么大的自信和勇气啊！成老师的鼓励一直温暖和激励着我。我之所以能够孜孜不倦地行走在探索的道路上，就因为在跋涉的过程中，我总会感到两位导师殷切的目光在深情地注视着我。我是一个懒散而且比较以自我为中心的人，虽然我为两位导师做的事很少，但我对他们有着对待自己父亲一般的感情，这种情感被我视为我真正拥有的最宝贵的财富。

王炳照老师既不是我的导师，也没有给我上过课。但在我心中，他是一位重要的老师辈的人物。20世纪90年代以前，王老师一直在北京师范大学的学报编辑部工作。20世纪80年代中期我在《北京师范大学学报》（社科版）发表文章后，开始和王老师交往，直到他2009年去世，20多年里我无数次地和王老师交谈，他总是极其随和、坦诚，没有一丝一毫的怠慢与敷衍。2000年10月，我和王老师一道在西藏大学讲课，当时王老师已是年近七旬的老人了，十个半天的讲课，他一节课没少。也是从2000年以后，我和王老师住得很近，经常看到他在楼下散步，有时我就凑到他跟前和他海阔天空地聊。照理说，我既不是他的同辈，也不是他嫡系的学生，而且我还是一个颇有争议的人，和我保持距离是一种比较稳妥的态度。可他对我讲他的辛酸经历，讲他和他的老师的交往，讲他教育孩子的心得，讲他和同事的相处之道……他从不掩饰自己对人对事的真实看法，让人感觉他是那样的纯净，既无害人之心，也无防人之心，有着清清爽爽、干干净净的心地与头脑。

因为王老师的母亲十分长寿，多年来王老师的身体也一直十分硬朗，所以他对自己的健康长寿十分自信。也许是由于那些年我经常外出讲课吧，虽然我们住得很近，但他生病住院的事情，我居然不知道。直到有一天我去办公室，在英东楼318室看到学院为他老人家设置的灵堂，才知道他老人家去世了，我惊愕不已，顿时潸然泪下。

这些年来，我常常想念王老师，仿佛他不曾离去。他伟岸的身躯，他佛陀一般的面容，他朗朗的笑声，都是那样的熟悉和亲切。这也使我对诗人臧克家纪念鲁迅的那句诗“有的人活着，他已经死了；有的人死了，他还活着”有了更真切和更丰富的理解。

我上面提及的六位老师都有一些共同点：他们待人真挚，他们的言辞情真意切，他们对学生的教诲语重心长，他们坦荡为人。从他们身上你感觉不到哪怕丝毫的拒人于千里之外的冷漠，也感觉不到一丁点儿的言不由衷的说教。你感觉得到的是在他们一颦一笑中流露出的一个真正的读书人，一个正直的中国知识分子真实的爱恨情仇。对我来说，六位老师还有一个共同点，就是我在他们的家里都吃过饭。现在人们对吃顿饭已经不很在意，甚至可能没什么感觉了，可在我的学生时代，在老师家中吃顿饭并非一件寻常事。要知道，那可是在老师家里，而不是在饭店里礼貌地聚在一起吃顿饭。只有感情亲近的人才可以在家里吃饭，至少我是这样认为的。

我的六位老师，除了王炳照老师在他老人家七十五岁时去世之外，其他五位都已是耄耋之年。这五位老先生，除了孙老师身体欠佳外，其他四位都精神矍铄，表现出旺盛的生命力。孔子说：“仁者寿。”大概是因为仁者的情怀、仁者的格局、仁者的作风有助于他们延年益寿吧。

1980年我带着一颗粗糙的心来到北师大，遇到这些老师，得到他们真情和智慧的沐浴与滋养，我是多么的幸运，又是多么的幸福。如今，我已年过半百，也早已有了自己的学生，我时常对照我的老师们检讨自己，希望我也能够像我敬爱的老师们那样，在那些年轻的生命里留下温暖而绵长的记忆。

肖 川

» 北京师范大学教育学部教育基本理论研究院教授，英国教育哲学协会会员，北京师范大学生命教育研究中心主任。出版《教育的理想与信念》等二十多部著作，是我国生命教育领域的开拓者之一。

长大后我就成了您

/ 李镇西

一

“你就是刚转来的?”我至今还清楚地记得，1975年8月底，我在老家仁寿读完高一，转学到乐山五通桥中学时，班主任张新仪老师用这句并不算热情的话迎接我。我一抬头：三十多岁，高个，椭圆脸，一双美丽的眼睛微微凹进去，鼻梁便更显挺拔。我想到了电影里的外国女郎。其实，张老师的装束很朴素：白衬衣、浅色裤子、白凉鞋。

我点点头。张老师不再说什么，向我一招手便径自朝教室走去，我胆怯地跟在后边，心想：“这个老师好像有些冷漠。”

虽说第一印象不太好，但张老师很快便征服了我。她富有魅力的教学艺术，使枯燥的物理课妙趣横生。张老师的性格特别耿直率真，待人直爽、坦荡、热诚，没有半点客套（我之前感到的所谓的“冷漠”，纯属我的错觉）。张老师由衷地爱自己的学生，但并不是口头上的嘘寒问暖或婆婆妈妈地管个没完。她随和、豁达、不拘小节，每个同学都与她亲密无间。渐渐地，我就和张老师“没大没小”起来。

“张老师，帮我缝一床被子!”开学第一天报完名，我抱着被褥大大咧咧地闯进了张老师的家。

“你会找人呢！——下午4点钟来拿吧。”她很爽快地答应了。

下午到点，我准时去取，却见班上一位女同学正在给我缝被子，张老师在一旁备课。那年头的中学生，男女界限特别严明，我红着脸说：“张老师连被子也不会缝！”

张老师听了，有点“恼羞成怒”：“你这鬼娃儿，帮了你的忙还要说我！”

其实，我早就听说张老师不会做家务：煮面用冷水，豇豆一根一根地切……看来是真的了。

二

到现在我也不知道为什么——也许是我的成绩好，尤其是物理成绩特别好吧，反正张老师喜欢我并特别信任我，我因而十分得意。我擅长写作文，于是，班上的学工挑战、支农申请、学期总结等，张老师统统交给我写。她还不止一次地当着我的面，向其他老师夸耀：“这是我班的秀才！”

所以，“批邓反击右倾翻案风”时，学校要求各班成立“17年修正主义教育路线罪行调查小组”，我自然被张老师“委任”为组长。

受命之后，自然要有成果，但这个“重任”把我难住了：我没有受过“17年教育”（“17年教育”指的是1949年到1966年期间的“修正主义教育”），到哪里去调查呢？想来想去，我想到一个自认为很“对口”的调查对象：张老师。张老师不是“文革”前大学毕业的吗？而且可以推断，她读小学和中学时接受的就是“修正主义教育”，找她调查不就可以了吗？

于是，一天傍晚吃完晚饭，我气宇轩昂地来到张老师的家。她听我说明来意，忍不住笑了：“你还真会找呢，找到我头上来了！”我说：

“不找您找谁呢？您接受的不正是‘修正主义教育’吗？”

我们聊了起来，她认真地回忆，我认真地用钢笔记录。我一边记，一边咬牙切齿：“这‘修正主义教育路线’可真是害死人哪！”张老师说的是什么呢？记得当时她给我讲过一个“修正主义教育路线”害人的故事。她说她在读大学（西南师范学院）的时候，同系有一个男生，俄语特别好，便到图书馆偷偷看俄文原版的《真理报》，那正是1963年前后，中苏论战正在激烈地进行着，这个男生的行为被发现后，成为一个极为严重的政治事件，他最后遭受了“待分配”的处分——那个年代，这已经是很严重的处分了，因为当时国家对大学生的工作包分配，而“待分配”则不知哪年哪月才会被“分配”，所以“待分配”就像20世纪80年代的“待业”一样，其实就是失去了工作。记得张老师讲到这件事的时候，语气里不无惋惜，但她仍然似乎是言不由衷地补充道：“这就是‘修正主义教育路线’对人的毒害！学了俄语不好好为人民服务，而是里通外国。”

我听了之后，唏嘘不已。

三

张老师一直非常欣赏并信任我，对我很好。其实，张老师并不是只对我一个人好，她真诚而平等地爱着每一个学生，也绝不容忍有学生不尊重别人。我曾为了取笑班上一位年龄较大的农村同学，在他桌子上写下一行毛笔字：“祝你安度晚年！”张老师知道后异常愤怒，当着全班同学的面指着我的鼻子勃然大怒道：“李镇西！你简直被我惯坏了……”我伏在课桌上痛哭不已。

太不给我面子了，太伤我自尊心了！以后几天我都不理张老师。过了好久，我自觉惭愧，面对张老师，终于鼓起勇气喊了一声：“张老师……”

“怎么？还是要理我啊？”从此张老师不再提起此事。张老师虽然是女教师，但做事非常爽快利落，绝不拖泥带水，甚至连“苦口婆心”和“语重心长”都很少，更不会像有的老师那样，学生犯了错误便长时间“谈心”，还一个劲儿地追问：“你为什么要这样做？你当时是怎么想的？动机是什么？”孩子犯错，很多时候是糊里糊涂做了就做了，哪会想那么多？张老师也从不让犯错的学生请家长。这就是张老师的风格。

教语文的林老师也对我特别好，因为我的作文写得好，但我的好朋友孙涛却不喜欢林老师。一次，林老师批评了孙涛，孙涛特别郁闷。为了帮孙涛出气，我便画了一幅丑化林老师的漫画，让老实忠厚的张天贵同学悄悄丢进林老师的提包。第二天，张老师叫我去她的办公室。我惊讶于张老师如此洞若观火，怎么会如此快捷精准地判断是我画的呢？去的路上，我一直在想如何向张老师认错。结果，张老师不是怀疑我，竟是让我帮她破案！

“你暗中观察一下，看是哪个人画的……”张老师充满信任地委我以重任。她第一个怀疑的对象就是孙涛，因为她知道孙涛对林老师一直心存不满。她当然知道孙涛是我的好朋友，但她还是信任我，要我好好观察一下孙涛。我心虚，居然每天都向张老师汇报：“好像是孙涛，但又拿不准，我再观察观察……”时间一久，张老师便放弃了追查，但始终没有怀疑过我，因为她多次夸我：“你很单纯，也很聪明。”直到毕业，张老师都不知道她信任的“福尔摩斯”正是“作案者”。

四

毕业前夕，学校要求各班写“强烈要求上山下乡”的申请书。写申请书的任务，当然就落在我的身上了！这样的公文，我驾轻就熟，一气呵成。具体文字现在记不清了，反正都是些当时流行的豪言壮语，结尾我隐约记得，大约是说，“亲爱的党啊，请考验我们吧！让我们到农村去，滚一身泥巴，炼一颗红心，扎根农村一辈子，让共产主义鲜红的太阳照彻全球！”

申请书写完了，就该让全班同学签名。我想都没想，便签上了自己的名字，而且是排在最前面，第一个，结果被张老师“批评”：“你怎么能先签名呢？应该由团支部书记朱桂兰第一个签名嘛！”我一下感到了自己的“僭越”，脸红了。张老师却得意地看着我，一脸坏笑，原来她是在“幽我一默”呢！

30年后的今天，提到毕业，我的心又揪了起来，因为最使张老师伤心的，莫过于毕业那天。

当张老师发下毕业证离开之后，班上早已“誓不两立”的两派同学便展开了“最后的决战”——双方人马大打出手，教室里一片混乱。我个头矮且胆子小，不敢去肉搏，便通风报信、煽风点火、调兵遣将、推波助澜，直到我方大获全胜。

离开学校时，我想起了去向张老师告别。推开张老师的家门，我却愣住了——

张老师面窗而坐，右手撑着耷下的脑袋，几乎伏在写字台上的身子正一抽一搐地颤动着！桌上的镜子照出张老师的面容：张老师正在无声地流泪！一颗颗泪珠从她美丽的脸庞上滑落下来，桌面已湿了一片……

面对张老师的背影，我嗫嚅道：“张老师……”

张老师一动不动，用颤抖无力的声音说：“我……已不是……你们的老师了！想不到……你们会这样，来与我……告别……”

无地自容！我什么也说不出。我默默地站在张老师身后，痛苦地久久凝视着张老师的背影……

——我永远也忘不了那个背影！

不知站了多久，我把打算赠给张老师的一幅名为《延安颂》的画悄悄放在屋子靠门的墙边，便退了出去。

“张老师不爱我了！我失去我的张老师了！”我一遍又一遍含着眼泪在心里对自己说。

……

我决定暂时不回老家，而在同学家里住几天。我一定要当面向张老师认错，再向她告别。几天后，我又来到学校，见到了张老师，她的气已经消了许多。我真诚地表达了我的悔恨，张老师原谅了我。

我给张老师深深鞠了一躬，不仅仅是谢意，更有歉意。然后，我告别了张老师，乘公共汽车回到我的老家。

五

一年后，已经下乡当知青的我回母校看望张老师。那一次，我鼓起勇气对张老师说：“张老师，高中时您要我破的那个给林老师画漫画的案子，我已经破了。作案者就是我。”张老师很惊讶：“真没想到是你！”但她没有生我的气，只是说：“马上去给林老师道歉！人家林老师对你那么好！”于是，张老师陪着我，来到林老师家。我真诚地向林老师道歉，林老师宽厚地笑笑：“呵呵，过了那么久的事，不说了，不说了。”写到这里，我不禁怀念已经去世多年的林老师——对不起啊，亲爱的林老师！

再后来，我考上了大学，报到前去学校看望张老师。张老师自然很欣慰，她说我们1976年高中毕业的这个年级，只考上两个学生：一个是我，考上的是四川师范学院；另一个是张一成，考上的是重庆建筑工程学院。

但张老师很奇怪我为什么会考中文系，她问：“你怎么不考物理系呢？你的物理成绩那么好！”张老师说的是实话，中学时代，我的数理化成绩都很好，特别是物理很拔尖，但骨子里我非常喜欢文学。我对张老师说：“我的兴趣在文学。我的物理成绩好，那是因为您教物理。”

后来我大学毕业，成了一名中学语文教师，依然常常去看望张老师。有时候碰上张老师正在批改物理作业，便要我帮她批改作业——在她心目中，我还是“物理尖子”，其实那时我的物理知识已经忘得差不多了。

张老师依然关心着我。有一段时间，她特别着急我的“个人问题”，忙着给我介绍对象。记得有一次，她带我去女方家相亲，快到女方家门口了，我怎么也不好意思进去，张老师急了，说：“又不是去挨刀！唉，就算是挨刀，你也去挨一刀嘛！有什么大不了的！”

20世纪80年代中期，一天，我去五通桥出差，在四望关的索桥上，和张老师不期而遇。她一见我，居然给我来了个军礼！笑死我了，张老师还是那么幽默风趣。我和张老师谈教育，谈社会，谈到当时的一些社会现象，我忧心忡忡，向张老师倾诉着我的绝望。张老师说：“李镇西，我不担心你犯经济错误，也不担心你犯生活错误，但我担心你犯政治错误。你说话一定要小心啊！”

再后来，我在工作上有了一些成绩，张老师知道后，颇为欣慰。我也暗自想，“我一定不能给张老师丢脸。”后来，张老师退休了，我依然每年至少去看望她一次。

六

2007年8月的一天，我突然接到张老师的电话：“李镇西，我正在去成都的车上。”我一乐：“张老师要来看您的女儿？”她说：“不，我要定居成都了！”我忙问：“您的房子在哪里？”她说：“九眼桥，锦江边，顺江路……”

我吃惊地几乎跳起来："我也在那里住啊！"

就这么巧，就这么巧！三十年前，我和张老师以师生关系相识于乐山市五通桥中学校园。当时的我们谁能想到，三十年后，我和张老师居然会住在同一个小区，成为名副其实的邻居！

其实，张老师本来就是成都市的"土著居民"，她的家原来在庆云南街，好像是我读大学时，张老师回成都，还带我去她家坐过。据说1949年以前，张老师的家族是很有"身份"的。因为"出身不好"，20世纪60年代大学毕业后，张老师被"发配"到边远地区，后来才调入乐山市五通桥中学，再后来又调入乐山市草堂中学，退休后又被聘请到乐山市更生学校。她也没有想到，退休以后，居然会"叶落归根"。

这以后，我见张老师就很方便了。有时候我在小区门口会碰见张老师散步，或去买菜。每次她都说："你忙，快忙你的去，别耽误你的事了！"虽然见面方便，但的确因为忙，我依然很少去看望张老师，一年也就两三次吧！但每年教师节前，我是一定要去看望我的张老师的。

张老师不会打麻将，也不会斗地主，现在每天带外孙女，然后就是看书、上网。当年用冷水下面、豇豆一根一根地切的张老师，不但早就学会了开水下面、切豇豆，而且做得一手好菜。有一次，我还收到过张老师的一条短信："红烧肉好了，过来一起吃吧！"

虽年过七十，但张老师有着年轻人的活力，思维依然敏捷，说话依然风趣。比如，我每次去看张老师，张老师都会对着我一脸坏笑："嘿嘿，李校长……"，她有时还调侃我："李劳模……"，我问她身体如何，她有时回答："现在没发现什么，也许已经有癌症了，只是我暂时不晓得。"我要她"别瞎说"，她却一本正经地说："是暂时不晓得嘛！"有一次去看她，聊起一位去世的老师，然后我问她身体如何，她不动声色地说："快了！"脸上还是一本正经。她这"一本正经"正是她的冷幽默。虽然是玩笑，但张老师对生死真的看透了，非常豁达。不过，张老师的身体其实很好，这让我和同学们很是欣慰。

当然，我们也不只是调侃。一次去看张老师，告别时，她很认真地对我说："李镇西，你还保持着本色！人就应该这样。"我认为，这是张老师对我的肯定，也是对我的最高评价。

七

2016年9月3日早晨6点，我开车接上张老师，回到乐山市五通桥区参加我们班高中毕业40周年聚会。所有同学见了张老师，就像见了母亲一样，女同学们激动地扑上去和张老师紧紧拥抱。大家都说张老师没变，"一点儿都没变"。这还真不是夸张，七十五岁的张老师，和我们这些将近六十岁的学生相比，真的差别不大。

有一个细节，让我很感动。中午吃饭时，大家争着给张老师敬酒，有同学指着我说："李镇西是张老师最得意的学生。"张老师马上纠正："不，每个学生都让我得意！"同为教师，我深知这句话所蕴含的意义：唯有视每一个学生都是"得意之作"的老师，才是真正而纯粹的教育者。

而张老师确实是对每一个学生都爱。我调到成都市武侯实验中学工作时，有一个叫黄静的同事读了我的《爱心与教育》，看到书的"后记"中我感谢的人有"张新仪老师"，很激动地找到我说："李校长，我也是张新仪老师的学生啊！"他直夸奖张老师"对学生有爱心"。

早晚往返4个小时车程，我一边开车一边和张老师聊天。她说："我从1963年大学毕业开始教书，一直到2007年，从22岁到66岁，整整44年，教过两年俄语，后来一直教物理，一直当班主任，一天都没有离开过讲台。那天女儿问我，这辈子最开心的日子是什么时候。我说，还是我当老师和学生在一起的时候最开心。学生总是那么单纯可爱，只有和学生在一起，才会真正快乐。"

我问张老师："那您教了一辈子书，有没有学生恨过您呢？"

张老师想了想，说："嗯，有的。一个学生比较贪玩，我就去家访，这个学生对我就不友好。后来他参加工作了，在医院工作，见到我都不理我。"

这是唯一一个长大后对张老师还耿耿于怀的学生，但张老师显然没有半点错。我说："您去家访是为他好，对他负责，可能他以为您是告他的状。现在好多老师都不家访了。"

张老师却并不认为自己去家访有多么"高尚"，说："以前，老师家访是常规工作。"

过了一会儿，张老师问我："李镇西，你教书这么多年，对学生说过假话或作过假没有？"我回忆着，心想一句违心的话都没说过是不可能的，我正要回答，张老师却主动说："我作过假。有一个学生来叫我给她开初中毕业证明，她读书时因为成绩不好，并没有拿到毕业证，但工作后因为什么原因，需要一个初中毕业的证明。我想了想，还是给她写了一个证明，并拿到学校教务处盖章。我知道这是作假，但人家都已经工作了，这个东西也许对她有好处。"

我说："您这个'作假'充满爱心，是为您的这个学生着想。我中学时因故失学，是我父亲的一个当校长的朋友给我开了一个假的转学证明，才使我得以继续学习。不然，我后来不可能考上大学。所以，那次'作假'，改变了我的命运。"

"当老师的，最根本的还是要爱学生。"张老师这句朴素的话，也是贯穿她教育生涯的灵魂。

八

几天前，我接到《中国教育报》的约稿，要我配合"教师节"宣传写一写我的老师。我当即便想到我的张老师。

我对张老师说："我要写您，然后发表到《中国教育报》上。"她马上回我，表示推辞："我是一名极普通的教师，就是喜欢和学生打交道。我这个人毛病很多，急躁，没有那么高大上!"

我其实也不认为张老师多么"高大上"，但她教书的确特别棒，所有学生都喜欢听她的课，她能够把物理讲出趣味和魅力，当年我就是因此迷上物理的。我参加同学聚会，还专门带了我保留的当年张老师给我批改过的物理作业本。她当班主任，那是真的爱每一个学生，绝无半点功利之心，更不势利。可是，张老师却不是特级教师，也没有任何行政职务。她最高的"职务"，就是班主任。

记得有一次我问过她："张老师，您怎么不是特级教师呢？好多特级教师还不如您呢!"

她说："从小我母亲就告诉我，要知足常乐。我从不与人争，所以一直很满足。我从不在乎学生们是否对我'记情'，毕业后会不会来看我。他们来看我也好，不来看我也好，我都认真教书，因为这是我的工作。教师的一切都是为了学生，而不是为了'上面'。一个老师好不好，最终应该由学生来评价。"

"长大后我就成了您。"张老师也许知道，也许不知道，我当老师，正是自觉不自觉地把张老师当作标杆——像她那样爱学生，像她那样胸襟豁达，像她那样善良宽容，像她那样以教学艺术赢得学生的心，像她那样尊重每一个人……一句话，像她那样真诚热爱自己的事业和学生，做一个平凡而幸福的老师。

因为要写这篇文章，我在微信上问张老师："您工作几十年，获得过哪些荣誉称号？"她马上回复我："好像得了不少!"我问："最高级别的是什么？"

她第二天才在微信上给我留言："你问我获得的最高荣誉是哪一级？不好意思，昨晚我查了查，翻了翻，最高级别是市级，其他全是学校发的奖状。无论是‘三八红旗手’‘优秀共产党员’还是‘优秀教师’都未超过市级！真的不好意思，我确实没有刻意去追求过荣誉，我只是想把学生带好，希望学生长大后能为社会出力。我没有像你一样从教育学的高度去教育和带领学生，我只是希望我这个班主任的阳光能照到每个学生。我不以成绩好坏论英雄。我努力这样做，但做得不好！”

我没有回复张老师，因为我不知道说什么。最近几年，媒体喜欢用“最美”二字来褒奖教师。而我的张老师既没有获得过“最美教师”的称号，也不是“全国劳模”“特级教师”，但她显然早就不用靠堆叠的证书来证明自己的“优秀”，她的全部光荣与尊严，已经印刻在她历届学生温馨的记忆里。

我和张老师四十四年中教过的所有学生都可以证明：无论是外貌还是内涵，先后在乐山市五通桥区桥沟中学、乐山市五通桥中学、乐山市草堂中学、乐山市更生学校执教的张新仪老师，是中国最美丽、最优秀、最幸福的老师！

李镇西

» 一位深受孩子爱戴也深深爱着孩子的老师，多年从事中学语文教学和班主任实践，也曾从事学校管理工作。现供职于成都市武侯区教科院。获得各级荣誉若干项，出版教育专著数十部。他的教育理念是：“朴素最美关注人性做真教育，幸福至上享受童心当好老师。”

封存在记忆里的细节人生

/ 陈忠

什么是好老师？当他逝世若干年后，仍有学生来到他的墓地，烧香烧纸叩头，这一定是活在学生心中的恩师。1988年清明节，我与数位男女同学相约九江，在章甘雨老师逝世20周年时，到他的墓前祭扫。2012年清明节，我们又相约九江，纪念章老师诞辰90周年。章老师是我们的高中语文老师，不是班主任。

章老师的青少年时期，恰逢国难当头。好学的他，没有安身静心读书的机会，东奔西逃，初中都没有毕业。他完全靠自学，一步步当上了高中语文老师。学生为何喜欢他？请看传颂在同学们中间关于他的为人为教的细节。

细节一：学生“夸”了

章老师每次上课，都会提前五分钟，快步走来，夹着课本和讲义夹，端端正正地站在教室门外。他目不斜视，一脸严肃，不与进出的学生寒暄，似乎一名尽职尽责的卫兵，令人肃然起敬。无形的气场，迅速扩散，教室里交头接耳的嘈杂声立马消失了。同学们的目光都投向教室门口，等待，三两分钟的等待，觉得时间很漫长。

踩着上课的铃声，章老师昂首、挺胸、快步，走向讲台。没有闲话，直奔主题：上课。拿起粉笔，转身面壁，从容飞落，行书潇洒。老师的字是征服学生的法宝之一。教室里安静得像无人之境。

听他讲课是一种享受。课本放在讲台上，讲授的课文不是念，而是用抑扬顿挫、极带情感的普通话背诵出来。他家中吃饭的人多，全靠老师一人的工资维持。常年穿着有补丁的衣衫，却洗得干干净净，笔挺精神。浓浓的眉毛，高高的鼻梁，白白的脸蛋，两只特别有神的眼睛，头发梳得一丝不乱。美男子的形象，伴随高雅的授课内容，迷倒一大片求知似渴的青春学子。他从不拖堂，总是准点踩着下课的铃声离开教室。远去的背影，让人依依不舍。

细节二：学生“服”了

人们常说，鲁迅的文章难读，更难讲。

章甘雨老师是怎样讲解鲁迅的短篇小说《药》的呢？

他首先在黑板左侧上方，板书四个标点符号，即《》。?!。

书名号。它标志着这是鲁迅先生的一篇短篇小说。

句号。鲁迅先生在小说中介绍一个民间偏方，一味药。传说用蘸上人血的馒头，可以治好痨病（中医指结核病）。

问号。人血馒头是药吗？它能治病吗？荒唐！假的！骗人！

感叹号。既然是假的，这种偏方不可能治痨病，鲁迅为什么要写《药》这篇小说呢？人血馒头，不是治身体的药方，却是治中国人心灵的药方！华老栓居然相信，用馒头蘸人血（谁的血，被杀害的革命者夏瑜烈士的鲜血），去治疗儿子的痨病！超级愚昧哟！这是一副让人清醒的良药。

几十年后，章甘雨老师用四个标点符号，简单且深刻地剖析鲁迅作品的高妙之处，我仍然记忆犹新。他为何能有独具创新的讲解？在他离世40年后，我有幸从他儿子大华那里读到章老师的日记残本。

1955年2月22日：《新华字典》要续看。教本要反复细读，涉猎的书不贪多，看一页是一页，要做札记。

2月23日：备课，细读《呐喊》。

2月26日：做“鲁迅小说中的人物”札记。

3月2日：“做完鲁迅的故家”札记。

3月8日：《药》没讲好，材料组织不好。

阅读老师的日记，想象着老师在灯下，研习字典、研读教本、研磨教案、研讨教法的场景，我终于寻觅到他的魅力源泉所在。幸运的我们，数年后品尝到《药》的盛宴就是很自然的事情了。

细节三：学生“问”了

受章老师耳濡目染的影响，班上同学养成了阅读的良好习惯。沈同学有一次在一本古籍中遇到一个生僻的汉字，学友无人认识，在《新华字典》上也查不到。怎么办？他自然想到博学的语文老师。当请教章老师时，他看了看，立马脸红了，摇摇头说：“哎呀，不认识。”这个回答，让大家很意外，顿时有点失落。

没想到，星期一上午的语文课刚结束，章老师笑盈盈地来到沈同学面前，把一张注音释义的纸条交给他，如释重负地说：“总算查到它了！”原来，他为了这一个字，查遍了家中和学校图书馆的所有工具书，最后是在九江市图书馆翻阅《康熙字典》才找到准确答案的。

这个细节，这样的“一字师”，学生怎么可能忘怀？

细节四：学生“病”了

一阵秋风一阵凉，乍热乍冷的季节最容易生病。章老师上课时，发现刘同学缺勤好几天了。经打听，知道他患感冒回家休息了。于是，星期天上午，章老师带领我和另外两位同学，步行20余华里，去探望那位生病的同学。当大家走进那普通而杂乱的农居时，卧床的同学和他妈妈十分惊讶与感动，忙着倒水与说话。章老师询问了病情，叮嘱他：“好好休养，缺了的功课，回学校后老师和同学会帮你补上的，不必操心。”平时，严肃面孔的章老师，让我们既亲又怕。此时，慈爱面善的章老师，让我们发现他和蔼可亲的一面。坐了一会儿，同学妈妈张罗要留我们吃午饭。章老师和我们坚决辞谢，饿着肚子返回学校。

晚秋午后的太阳余威不减。我们四人沿着长江边上的大道，越走越渴，越走越累，汗流一身。好在章老师的笑话与历史故事，把我们的心情调理得很好。下午两点多钟，在金鸡坡一棵大樟树下的路边小茶铺前，章老师招呼我们选中靠门风凉一点的方桌，四人四方四条板凳上坐着休息。他要了一壶凉茶，又要了八块制作十分粗糙的糕点，请大家吃。“大跃进”后的农村，贫瘠如洗。路边的小店很寒酸，没有什么货卖，有口茶水喝就不错了。喝了，吃了，休息了，人有精神了，眼也亮堂了。无意间，我发现土砖南墙上，有一张红白褪尽且残破一角的条幅，隐约显现一行清秀的大楷：“让我们痛饮甘露。”章老师以行家的眼光鉴赏说：“这字功力不错，也有年头了。哈哈，一幅好字，挂在陋室，‘让我们痛饮甘露’。妙语，妙趣。”章老师常说，“要学会用发现美的眼睛，善于发现生活中的美”。我因为发现了墙上这句话，萌发好心情，疲劳也被驱散了。

细节五：学生“走”了

20世纪50年代，新中国刚成立，众多农民为了田地种养的需要，面对“耕读传家”的选择，更看重“耕”而放弃“读”。这不，已经读上高中的罗同学，只有听命爸爸的安排，被迫辍学。

听到这位勤奋好学的农家子弟要退学，章老师心里很不好受。当年因为国难时乱，他无法完成学业。如今国泰民安了，一个挺好的读书苗子弃学真可惜。就在罗同学离校前夕，章老师特意去了新华书店，买了一本精装的《汉语词典》和一本《修辞学》送给他，并语重心长地说：“你学习很刻苦，成绩很好，希望你不要放弃学习。自学也是可以成才的。今后在学习上遇到什么困难，还可以来找我，写信给我也行。”罗同学手捧老师送的礼物，满脸泪水，连连点头。

章老师走后，同桌学兄翻阅礼物发现：精装本厚厚的《汉语词典》定价4元2角；《修辞学》定价7角8分。合起来将近5元钱！什么概念？那是章老师当时月工资的八分之一呀！老师这般爱生的情感细节，学生敢忘吗?!

细节六：学生“惊”了

受章老师的影响，自大学开始，我坚持写日记，至今已有57年的历史了。写日记就是为了备忘，全是写给自己看的。2012年清明节前夕，为了写一篇纪念章甘雨老师诞辰90周年的文章，我重读了那本大学日记。居然发现，从1962年6月22日至1963年8月3日，有24则日记中写到了章甘雨老师。那是我大三、大四时的事情。

当时，我师从夏延章先生，研习语言学理论。在恩师的指导下，我写作并发表了有关汉语借助研究的学术文章，报考了研究生，聆听了吕叔湘先生的学术讲座，并与吕先生互通书信。章老师对此感兴趣，我们便有了多次书信交流和面对面的两次深谈。

有一则日记让我惊呆了。1963年3月1日，日记中写道："接章老师寄来的1元钱。"邮寄1元钱？为什么？日记里没有详言。几十年后回想，很有可能是当时我在南昌帮他代购了语言学方面的杂志。他要把买杂志的钱和邮费还给我。天呀，1元钱值得寄吗？依我性情及师生情谊，当时肯定说了"不用给我钱"的话。但恰恰在日记里，封存着这样一个充满人情味的细节，更真实地显露出章甘雨老师的人品与德行，感动学生我一辈子。

细节七：老师遗物中发现的"自学计划"

为了编印《纪念章甘雨先生诞辰90周年》专辑，章老师的儿子大华给我送来一点资料。他说："爸爸的藏书与笔记被洗劫一空，这些有限的遗存，有的是人家还的，有的是父亲去世后从他的办公桌里找到的。"我对其中两本纸张粗糙且泛黄的练习本感兴趣，征得同意后，全部复印，留作纪念。仔细阅读，意外发现章老师的短期、中期、长期的自学计划。据大华推测，这应该是他在20世纪50年代中后期自拟的。

首先是"暑期的自学计划"（7月11日起）。

每天早晨从《唐诗三百首》中抄一两首诗。

复读《语文学习》和《中国语文》。着重语法部分。

每天看《说文解字注》一两页。

复看《联共党史》并做笔记。

把《战争与和平》重看一遍。

看《别林斯基选集》(不拘页数)。

暑假也就四十多天。干什么?“自学计划”表明，章老师把学业提升放在最重要的位置。既丰富又具体且带有时代特点（学习苏联）的自学内容，按计划实现的话收获肯定是很大的。人处中年的章老师自控能力特强，说到做到是他为人处事的个性。

然后是“四年自学计划”。

竭四年之力，熟读十书。卷少者年诵两种，多者分年治之，务祈贯达。一、《说文解字》；二、《毛诗正义》；三、《礼记正义》；四、《荀子》；五、《庄子》；六、《汉书》《史通》；七、《资治通鉴》《方舆纪要》；八、《楚辞》；九、《文选》《文心雕龙》《诗品》；十、《杜诗》。

怎样阅读这些书呢？他自己规定的读法是：“诵读，背诵，熟读。读多自然晓。阅读，涉猎书。”“经学、小学要有家法、师承。”“杂史要有来历，有参验，翔实可据。”紧接着，他开列了一条长长的书目，如《水经注》《世说新语》《日知录》《四库总目提要》等二十六种。随后，他又开了一条长长的文史学家的名字，如沈曾植、章太炎、王国维、刘师培、陈垣等二十人。

四年自学计划，全属于中国文史范畴。仔细琢磨，不难发现，这不是为了应付教学。仅仅满足高中语文课堂教学需要，何必投入如此大的功夫?!杀鸡不必用牛刀！一个普通的中学语文老师，心里却装着一个大理想大世界。

随后是一个更长远的阅读规划。

这个练习本的后面，章老师罕见地用钢笔开列了许多书目。我清点了一下，共计三十三种。与“四年自学计划”相比，这些书目有两大特点：大多是外国作家的名著；有一些科普著作。章老师是否想通过这些阅读，主动调整和充实自我知识结构？其实，透过字里行间发现，有些书是老师已经阅读或部分阅读过的书目清单。因为，有十五种书名的后面，写有主人公的姓名，或书的性质、归类，或书内观点的概述，如《论社会主义的现实主义》的书名后，居然有两百多字的要点摘抄。他倘若没有阅读，几乎不可能有这段文字的留存。

面对章老师短期、中期、长期的自学计划，面对章老师强烈的求知欲望，面对章老师可贵的志存高远，学生我真的感到惊喜、惊奇、惊叹和惊醒，甚至还有几份羞愧。在人类知识的海洋里，在世界文化的海洋里，章甘雨老师总是“痛饮”知识的“甘露”，总是“痛饮”文化的“甘露”。难怪他的书教得多滋多味，那般迷人，受到学生的敬爱与追捧。原来，“根”在此，“泉”在此。

细节八：老师弥留之际的两条遗愿

章老师弥留之际说了两条遗愿。一条是“章太炎、鲁迅的遗作片纸也得收存，了我夙愿”。

“文革”浩劫中，章老师的东西被查封，家也被抄，他心爱的诸多藏书和阅读手记统统没了。章太炎和鲁迅是章老师的精神支柱，寻找和收存哪怕是残留的“遗作片纸”，也是他的“夙愿”。身患癌症的章老师，都病成那样了，心中仍有“将来”！或许又是对孩子的交代，应该把父辈的精神支柱传承下去！什么是真正的知识分子？他一定有理想信念、人生追求和精神寄托，且终身践行之。章老师是带着这笔精神财富走向天堂的。

另一条是“遗体不用棺木，即时火化；骨灰即装瓦罐，即时埋下(在父母墓足下面)；不起坟堆，不立墓碑，一切迷信物事统统废除”。

淡生。淡死。一个彻底的唯物主义者。人死了，可以不用棺木，可以不起坟堆，可以不立墓碑，却要把骨灰瓦罐埋在父母墓足下面，陪伴老人，敬奉孝道，表达一种感激父母恩德之意。此乃大孝、大爱也。

一串串人生细节，彰显出我们敬爱的章甘雨老师之人性之美、人性之光!

陈　忠

» 江西九江学院教授，心理学教育学者。江西省五一劳动奖章获得者，全国优秀教师，1994年曾宪梓教育基金会教师奖一等奖获得者。出版《人生感悟》《心灵沟通》《健康成长》三部曲。在中国及日本作各种讲演一千九百多场，免费接纳心理求助近万人次。

天女散花

/ 樊阳

《维摩诘经 · 观众生品》："时维摩诘室有一天女，见诸大人闻所说法，便现其身，即天华散诸菩萨大弟子上，华至诸菩萨即皆堕落，至大弟子便著不堕。"

很多年后，我才知道天女散花的出典。其实很小的时候，我便以母亲一幅"天女散花"的绣品激励自己，并刻苦读书，暗暗以此追寻道行的功力！

2016年8月15日，我47岁生日那天，北京国子监彝伦堂，当主持人宣布我获得第二届全人教育奖时，百感交集中，我头脑中浮现母亲的面容和这幅画，追寻天花洒落，永远没有止境，追溯47年的岁月，我的心随花飞舞。

1969年夏天，一个"备战备荒"的口号，一个"建设大三线"的行政命令，让即将生产的母亲随着父亲前往四川广元，在大山深处，开始十年的艰苦岁月。刚到广元腰鞍山，我的父母便发现有不少人以各种理由留在北京，孩子即将出生当然是一个最自然不过的理由了。到广元后的第三天，我出生在工厂临时医疗点，后来那里成了109厂的菜场。后来，我曾多次追问为什么不把我生在北京，母亲只是叹气，不说话。长大些，我终于明白，以母亲那样的出身，是绝对不可能向组织谈条件的。

母亲祖上是满族镶蓝旗叶赫那拉氏，民国肇兴，姥爷兄弟五个镶蓝旗子弟都成了军人，因为骁勇善战，个个晋升为将，姥爷参与长城抗战，当了东北义勇军，后驻防陕西潼关到蔡家坡陇海一线，晋升为上校旅长，母亲便出生在渭南火车站附近。因为历史问题，姥爷的每个儿子都无法在京城立足，而他在北大医院扫厕所。“文革”伊始，母亲烧掉了所有她过去的照片和文书，怀着我前往“大三线”后，姥爷也随后避难而来。幼时印象最深刻的是姥爷在家属楼间接受批判后跟我说：“唉，还是小樊阳好啊，肯给姥爷做伴……”1972年秋，这个饱经磨难的老人在隔着重重山峦的东坝医院去世。好多年，我都不能接受这个事实，小伙伴嘲笑说：“你姥爷死了！”我大声叫喊：“不对，我妈说我姥爷去北京了！去北京了！”

儿童时代整整十年，我就在这腰鞍山的山沟里度过。背靠龙门山脉北缘之天台山（20世纪90年代为发展旅游业改称天罂山），大家俗称为后山，前山为绵延的丘陵。多年后，站在前山，远望天罂山，真是一幅壮丽的好风景。可是十年间，一个孩子的眼界就被这大山拦阻，除了山还是山，其封闭压抑可以想见。父母皆为二婚，因为各自的伴侣去世，二婚时便各带了三四个子女，一个放在北京，两个放在上海，身边有四个，这样的大家庭，窘困的处境可想而知。那是一个成天阶级斗争、人人自危的时代，从小我们没有接触过除语录歌、样板戏、大标语、欢迎西哈努克亲王纪录片以外的任何新奇事物。过年时，能穿上妈妈亲手做的一件新衣服，就是最幸福的事。记得有一次母亲为我做了一件绿色的小军装——那时男孩子们最得意向往的服装，并且不知道她从哪里找来红色的绒布，缝上红领章，让小伙伴们着实羡慕一番。这就是1976年以前母亲所能给予我的最美的记忆。

逐渐解禁的春风开始轻轻拂面，那时我发现母亲和邻居姐妹们开始流行做绣品。各种绣品的图案渐次丰富，色彩渐趋明丽，每个星期天上午，只要是晴天，各家都会在家门外的路上晾晒衣被饰品，随风拂动中，竟似别具一格的节日赛会。我们经过这些晾晒物时，总会被一些别具特色的窗帘布、桌布吸引，便会停步欣赏一番——毕竟大山里的生活实在单调无趣久矣！

我们家的缝纫机罩一直赢得很多妈妈驻足欣赏，交口称赞，她们总用惊叹的语气说："老赵的手艺真是好，她从哪里找来的图案，她是怎么配的丝线……"——这是一幅仙女散花图，大约源于邻居周阿姨从上海带来的杏花楼包装盒，印象里母亲拓印回图案后，研究了很久，仙女的头饰，身上的每条丝带，从花篮撒下的一朵朵花儿，如何配色，几种丝线怎么搭配，都需要精心设计。在繁忙的家务后，母亲细心刺绣，也经常和姐妹们交流手艺，一幅作品不知耗费几多心力！当绣品终于从幪子上摘下，烫平嵌入，仙女的身姿窈窕婀娜，仙女身后的仙山楼阁隐约可见，在白底的罩子上再绣上金色的花边，无论是放在屋内，还是挂在阳光下的晾衣绳上，都给人飘飘欲仙的感觉……而那仙山楼阁，也成为我童年最向往的仙境——母亲说，"在山那边的西安，更远的北京，就有这样的楼宇，那些古代的宫殿亭台就这么美！"从此，躺在自家北屋，透过眼前的堡坎望向后山的高峰，我幻想着山后西安、北京的美丽宫殿……

自此，母亲的女红似乎在山沟里一举成名，很多阿姨前来取经。我们孩子也以此为荣！我们从不知，在那个压抑的时代，母亲怎会有这种灵感？在"斗私批修"标语包围的环境下，我们小孩子都不敢被别人指责：小皮鞋呱呱响，资产阶级臭思想！——母亲是以怎样的勇力将仙女请回人间的?!

母亲只是含笑说起："这天女散花的故事可有来历呢！——只有爱读书、学问高的人，才会撒下花来，你们可得成为爱读书、有知识的人！"我们知道母亲因为出身不好，家里经济困难，读到初二，就从辅仁中学肄业，偷偷报名参加了北京电子管厂的招工。可是她是那么爱读书、爱谈古论今的人啊！

1976年松潘大地震后，大家借着住防震棚的时机，渐渐习惯了夏夜聚在一起聊天讲故事的生活。先由大学生出身的王叔叔、孙叔叔开始，讲他们记得的以前的故事，后来颇神秘地开始讲《第二次握手》等，再后来母亲竟然也加入了讲故事的行列，我们开始知道天女散花在内的神话传说、佛教故事，开始知道《说唐》《三国演义》等，这些过去被认为"封资修大毒草"的读物和故事。

正在此时，我们偷偷发现，床底下，母亲竟然冒险偷藏了十几年的书籍——几本《红楼梦》，在鲜红的毛主席语录后，竖行的版本中，一个我们从不知晓的世界在那里珍藏！甚至还有一本发黄的传统装订版的《小五义》，那发黄的纸页，让我们这些偷窥的小孩子心惊肉跳——在我们心中，那是万恶的旧社会，是罪恶可怕的世界——母亲竟然收藏着！要知道，作为民国少校旅长的女儿，母亲为此要承担多么巨大的风险！——尽管外公受到过无数次审查批判，写过无数的认罪历史材料，舅舅们无法在北京立足，母亲也将自己几乎所有的照片、信件悉数烧毁……"可我舍不得那几本旧书"，母亲后来平静地解释说。

那本《小五义》最吸引人的是人物绣像，之前我们从没有看过古人的绘画，要知道关于古代，我们接触的影像只有连环画《揭批投降派宋江》，封面是高大威猛的李逵怒斥着猥琐的宋江……我们更没有听说古今中外有那么多动人的故事，因为脑子里充斥着翻来覆去的八个样板戏。所以，当这些书籍重见天日时，我突然明白为什么我们家门口成了大家夏夜聊天乘凉的中心，母亲和邻居叔叔们为什么会成为那些古老故事的传讲人。《水浒传》《西游记》《封神演义》……在山沟沟里，文明的种子终于发芽。

多年后，很多媒体问过我关于早年读书的故事，其实源头是那个天女散花的缝纫机罩，是那本母亲冒着风险保留下来的《小五义》绣像，是那些竖行排版的《红楼梦》。也有不少媒体想探寻因为怎样的家教，让我从事教育工作后，能如此投入公益人文教育而义无反顾。当然，20世纪80年代大学的启蒙教育起了很重要的作用，但也离不开母亲在大山里满天星空下讲述的故事，那些曼妙的述说，无数次激起我成为一个为大家分享故事、分享缤纷世界的讲者的冲动，因为那一定是天花坠落的时刻……

1980年春天，父母经过艰苦的努力，终于带领我们离开山沟，翻过重重山峦，来到陕西咸阳的陕西彩色显像管厂工作并生活。

虽然仍是工厂，但那些天女散花中出现的“仙山宫殿”终于就在身边，那是怎样的幸福啊！所以，上了中学，自己可以独自出门时，我便开始了自己的行走之旅——探寻周边的名胜古迹。两个馒头，一壶水，一支笔，一个本子，一本书，就是全部行囊。从汉成帝延陵，到汉元帝渭陵；从西渭桥遗址到秦咸阳宫遗址；从老咸阳城凤凰台到文庙博物馆——一块秦砖一片汉瓦，引我种种遐思；一座老庙一幅古画，引我无限感叹。一个少年独自行走的漫漫长路，伴随着对仙山宫殿的想象，伴随着对古典世界的探究热忱！

到咸阳不久，父母因长期感情不合，最终离异，我和妹妹被法院判给父亲，母亲带着哥哥和那些书离我们而去。每周日，我和妹妹可以到母亲那里待上一天。随着改革开放步伐的加快，母亲的藏书逐渐丰富起来，但如果我把母亲的书拿回去，父亲会不高兴，于是，我就把感兴趣的部分手抄下来，而杂志报纸上好的内容，母亲就鼓励我做剪报，这种摘抄和做剪报的习惯一直延续到我读高三。我读高中时，文科班第一次摸底考试，历史老师给我们一个下马威，全班30个人只有一个人及格，第一名是我考了93分，第二名考了56分。1987年高考，我以学校高考文科状元的身份考进四川大学。天花洒落，老师同学惊讶之余，终于发现我做了六七年剪报摘抄的秘密，却并不知道，那份动力来自我幼时对美、对天花洒落的追求！

1991年夏，众所周知的原因，我因“惩罚性分配政策”被打回原籍彩电厂，更因为没有任何社会关系被拨愣到当时谁也不愿意去的总厂子弟学校，当一名中学老师。这对当时心气颇高的我来说无疑是沉重打击。特别是我从小的爱好，在“政策”的逼迫下，不断远离——爱好史地，可高考设置文科生无法报考地理专业，热爱的历史考古专业又在周围的一片反对声中放弃。后来，我好不容易培养起对文学的热爱，开始对电视、电台主持编辑职业颇感兴趣，老师也说我有此特长，可现实是一张无形的大网，很多事我都身不由己。难道普通工人家庭出身的我，就应该这样被命运之手推来推去吗？

即将退休的母亲开始钻研中国结和十字绣，她经常拿起针和红绳，默默编织和构思，她说：“你看这幅《清明上河图》，将来我用十字绣绣给你！”——我想着那将是一幅怎样令人震憾的绣品，拥有怎样的仙山楼阁，突然心情开始平静，我反问自己从小向往的天女散花的仙山楼阁，其实不是内心最深处的自由境界吗？母亲在那样的岁月，偷藏那些可能招来大祸的禁书的动力是什么？她没能读更多的书，但永远保存着幼时对美和自由的向往，以及对文明和希望的永恒追寻啊！

学校的园地好像很小，课本教参的束缚好像很多，但课堂可以是我的，在我的课堂上，孩子们会不会有天花坠落的幸福呢？只要他们内心保持着对自由和美的永恒追求，总有一天会有那种幸福感。几个月后，我在课堂之外，创建了和学生坐而论道的语文小组，我开始讲那些动人的故事：古希腊的俄狄浦斯、美狄亚；孔子《论语》中的“浴乎沂，风乎舞雩，咏而归”；但丁在天堂咏叹“爱推动着日月星辰的运行”……

二十五年转瞬即逝，几经辗转，母亲仙女散花的绣品早已不知所踪。四十多年如花瓣飞落，母亲年华老去，头发全白，短短几年间，母亲不得不向一种种工艺告别，要知道那是她生命的画卷，那是她四个儿女皆在远方都市的寂寞慰藉！我们回去探望她，总会得到她传给我们的一份份厚重的礼物，“手织的毛衣妈妈不会再织了”“拿去吧，这些手制的绢花”“中国结就这么几样了，快送光了”“十字绣《清明上河图》花了一年半的功夫啊，收藏好吧”……

我知道，天女永在，花朵永存，在任何阻隔封锁禁锢的岁月，只要心中永存对自由、对美的向往——天女必会重临凡间，缤繁的花朵必在空中绽放……

樊　阳

» 上海市外国语大学附属双语学校科研室主任，高级教师。长期主持公益人文讲坛，引导学生阅读经典，带领学生“文化行走”。2016年荣获第二届“全人教育奖”。

九山湖畔有吾师

/ 傅国涌

一

初识吴式南先生是在1986年秋天。我从黄土高原回到江南，进入温州石坦巷99号只有一幢楼的一所小学校——温州教育学院。墙外是与九山湖相通的一个小湖，说是湖，其实也就是个池塘，隔水相望的温州中学倒是被九山湖包围着。我常常在黄昏或夜晚到九山湖边散步，出校门不远，拐几个弯就到了。说是湖，其实狭长得更像河。吴老师最早给我们上"写作概论"课，他的温州方言口音很重，听着有些吃力，但他发的油印参考资料很丰富，我很喜欢。我记得其中有龙应台的《美丽的权利》等杂文，有从当时报刊上挑选的时文，也有《鲁迅全集》中人们不大熟悉的篇目。我不爱写命题作文，对老师布置的题目常常只是应付而已，但他一样改得很认真，从字句到内容再到结构，他鲜红的笔墨在作文本上批改得酣畅淋漓，至今我还保存着一本，上面有他批阅过的三篇作文。

真正让我对吴老师有极大的爱慕之心，已经是1987年春夏之交。一天下午，他第一次来到我们男生宿舍。他敲门进来时，手里抱着一摞打印的论文，原来他暑假要去广州参加"全国第三次物元分析学术讨论会”，学校文印室帮他打印的论文有些地方需订正，要我们帮忙，在每一本上改过来。他的论文《文学语象生成的“结构变换”及其模式（文学的“物元分析”——一个新方法的应用尝试）》，题目好长，但很新颖，至少当时我们觉得太新鲜了，于是，我向他提出想要一份。

读完吴老师的论文，我大为惊讶，他竟然从系统论的新角度来解读文学。印象颇深的是，他给朱自清《荷塘月色》（片段）画的“语象生成解剖图”，占了整整一页。这对当时的我来说，无疑是大开眼界。在所有同学中，我和两个要好的伙伴陈小澍、陈泉沫对他的论文表示了很大的兴趣，认为他是老师中有真才实学者，并有自己独立的思想。1987年7月中旬，暑假离校前夕我们在食堂聚餐，特意邀他坐在我们一桌喝酒，他戏称我们三个为“三家村”，并从包里拿出赠给我们三人的论文，原来他一直没忘记我们向他讨要过论文的事情。论文的首页上有他手书的“吴式南惜别于温州教院”，而且郑重其事地盖了一方篆书的印，后来我才知道印为他手刻。在文学之外，他对书法、篆刻、绘画都有极大的兴趣，并有一定造诣。

当时吴老师五十多岁，身体很好，精神也好，正处于人生的黄金阶段。随后的两年，他在暑假给我们开一门“文学概论”课。

1987年9月，我来到一所乡村中学任教，教初中二年级两个班的语文，还兼做一个班的班主任。学校没有围墙，一边是梨树林，春天有一片雪白的梨花，秋天有成熟的果实；另一边是一条小溪和一片开阔的石子滩，还有一片柳树林，溪水清澈得可以直接淘米。我在这里一共教了三个学期。乡村寂寞，常常停电，摇曳的烛光下，正是我读书、做笔记的好时光。此间，我与吴老师一直保持着通信联系。

那时我方二十岁，雄心万丈，想写一部中国文化史《困惑——人类东方之足迹》，以“困惑”为线索，从远古神话到当代朦胧诗，试图寻找数千年来中国文化演变的脉络。我还想写一部批判现实的著作《为了世纪的早晨——当代中国十大困惑》，暑假中我已整理了大量读书笔记，还列出了详细的提纲。这是一个少年人的梦想，我把我的后一个写作计划写信告诉吴老师，请他提意见。很快，吴老师给我回信了。

现代人的困惑，是一个牵动人心的大问题。思考这些问题，探索以至解决这些问题，是很有价值的。但应该说，这是一个陷阱。它的难度是非常巨大的。我只怕你的学养与经验还不足以去碰它。虽然我看了你拟就的提纲，觉得很有系统，也很感兴趣，但我总很担心不易为之。当然你如果积累了资料，作过一定思考，也不妨试着写出来，给自己的朋友、熟人看一看（你不妨先试写一章，我很高兴做你的读者）。

我给吴老师写信，将前一个写作计划也告诉他。没过几天，他给我写了一封更长的回信。

你说从古代神话、宋词到现代朦胧诗，都贯穿着一个“困惑”，你准备就这条线索来思考和写文章。这当然没有错，但接触面太大了，恐难以深入。因为这简直就是一个宇宙、社会、人生的最基本问题。混沌、迷惘、神秘、悲怆、幽冥，这从来就是宇宙、人类的奥秘所在，是困扰古今中外一切大智大勇者的精神症结……所以你悟到了困惑，还只是开始跨入了一个初步的、朦胧的境界……我的第一个看法，是希望你在此视觉的基点上（这是一个很好的基点），抓住一两个实在的问题，宜具体，宜小，先做扎扎实实的思考和研究。搞学问的人，总得走“小博、小专——中博、中专——大博、大专”的道路。力不从心，搞空对空导弹式的射击，在学术研究上似乎并不可取。你意如何？

我的第二个看法是，要做一个真正的知识分子，必须搞点学术训练，起码要有十年时间。这个“训练”太重要了，有些人挂着“知识者”的幌子，却一辈子也训练不成，我以为，你是能够训练成功的（我对你有信心）。有了这一番训练，我觉得对“科学”二字，才会有真正的体验。他的境界也就远非一般的俗儒可以比拟了。我觉得，你现在的一切读书、思索和写作，都可看作是进行“学术训练”。在这个意义上，我举双手赞成你放手去读去想去写。

这封信带给我一生的祝福难以估量。我一直珍藏着吴老师写给我的所有信，这封信更是读了上百遍，百读不厌。那年，吴老师五十四岁，已阅尽人间沧桑。我二十岁，真正的人生帷幕尚未拉开，风风雨雨都在后面，只是我当时并不知道。

1987年11月中旬，他曾来过我的家乡雁荡山，并在我家的小木楼上住了一晚，谈了很多话题。他说教育学是人学，是哲学，是人与世界之间的哲学，把人还给他自己，达到最终目的就是真、自由和美。在中国，教育学几乎是空白，还缺少现代的、科学的研究。吴老师的话给我很大的启发。当夜，我在日记中写下：现代社会是走向感性、开放，那么教育也应由各种模式、框架中解放出来，寻找一种新的，能够全面、综合发展人的个性的方式，是活型、动型、立体型，而不只在平面上求答案。我当时正对八大山人、扬州八怪的画感兴趣，他提供给我一个陌生的概念——完型（或补型）构造是他们的艺术特点之一。

吴老师对方块字的魅力尤为津津乐道，特别强调它的不可译性。他说，“英文只有词汇，没有单字，而中国字在正方圆整的结构中充满了神秘莫测的变化，这是文字艺术化的优越性。”汉译英比英译汉的难度更大，比如《红楼梦》这个富有象征意义的书名，如果译成英文，由红色、楼、梦三个词汇组成，那是远远不能达意的。再如《金瓶梅》原意有多重含义：第一层是三个人物的名字中各取一个字；第二层是梅花在金色的瓶中，有一种高贵的寂寞。如果译成英文，金色、瓶子、梅花，这些内涵都没有了。有人将前者译为《石头记》，后者译为《西门庆的故事》，只能是不成功的二流翻译。译诗就更难了。李白的诗怎么译？就是柳宗元的一句“独钓寒江雪”也让人费尽心思，一个“独”，一个

“寒”，把凄清荒冷而又执着的人生境界全盘托出，可是一译成外文，则变得平淡无奇，远远无法传达原作那种短小精悍、一字传神的特点。

二

1988年元旦，我第一次去吴老师的家。他的家在九山湖畔清明桥的教师宿舍三楼，房子很小，只有一个大通间，中间隔断，厨房在外面。那天，他忙里忙外，和师母下厨房为我烧了一桌菜。当夜他一定要我住在他家，他和当时还小的师弟、师妹打地铺（1968年，他36岁那年才结婚），把床让给我，让我深感不安。

我在乡村中学，正是狼吞虎咽地读书时期，许多商务印书馆出版的汉译学术名著买不到，都是通过吴老师或好友张铭，在温州教育学院或温州师范学院图书馆借的。对于我的阅读兴趣转向亚里士多德、霍布斯、洛克、卢梭、孟德斯鸠、密尔等人的著作，他曾来信谈过此事。

西方的有些书，选题很有蛊惑力，但也未必都佳，似不必老老实实地去啃，有点启发就可以了。有些大部头似乎也欠精粹，有许多废料……至于历史，应该真格儿地去研究、钩沉本来的历史事实，那些什么“论”、历史哲学、历史科学什么的，功利性、主体性太强，往往也是欺那些幼稚少年的。中国的史籍大兴什么“资治”“鉴古”，完全为皇帝老子服务。如果学学外国人的思路和方法，去治中国的学术，那是不错的。我读书太少，又终日陷入俗人之围，闷极……

这封信大约是吴老师1988年10月10日写给我的。

此前，吴老师在当年6月的一封信中叮嘱我暑假期间将关于宋词的文章捎去。“不成熟没有关系，不完整也可。胆子大些。”也是在这封信中，他告诉我他的副教授职称省里批下来了，这一年他已五十五岁，离退休只有五年，黄金岁月都被浪掷。所以他说，“对此并不感到怎样高兴，无非一个浮名而已。”

相隔不久，我在暑假中带着两万多字的《宋词：情感的大困惑》初稿去吴老师家。他于8月16日写下了三页纸的《初读随想》，特别建议我专心致志，再用一年时间去深究这个论题，搞清楚几个大问题。

1.先鸟瞰一下中国古代知识分子的感情历程（没有此基础，研究无法深入）。

2.词是一个情感世界，但唐诗以至更远的《诗经》《楚辞》与古诗、乐府等也何尝不是情感世界。宋词这个世界的独特性、继承性、发展性到底体现在何处？

3.世界产生的历史条件、现实基础以及当代文人的生活行径你都未具体涉及，只抓住理学一端作原则性的对峙性论述，觉得未能尽意。

4.书稿泛泛地只举些个别例子（你不是写“概论”），应分阶段地对几个大家的代表性词作进行剖析，才会显得扎实。

吴老师对我的鼓励，尤其是建议，让我深深受益。二十一岁的我还不足以走进宋人的精神世界，我也没有按他所说，继续在这个题目上深究下去，而是被时代的风浪卷走了。也就是这次，我在雪山上听他讲“文学概论”课，讲义是他自己编写的，精彩极了。

早在这年的3月5日，吴老师就寄来了开篇的《坦白话——研究的缘起、方法和态度》。

我在龙年的初旬，也带着痛苦，决定撰写《文学概论新编》，我要把自己对文学的新解，形成系统的文字，写出一部别致的文学概论，印成讲义，发给学生当教材读，署上我自己“著”的名字。这是一本全新的书。决定写六章，约九万字，角度、写法都是以往的教科书所没有的。已一口气写了两章。

我拿到的讲义只有上编（本体论），下编（鉴赏论）似乎一直没有写出来。讲义中他对中国四大古典小说的一番评价，大大地震撼了我。他以人性为标尺，将这四部小说与人的生命历程相参照。

《西游记》代表了人性之童年、少年时期的天真和幻想、放诞和浪漫；《红楼梦》代表了人性之青年时期对爱情和婚姻问题的心动和思考、狂热和追求；《水浒传》代表了人性之中年时期的血气方刚和爱恨情仇；《三国演义》则代表了人性之中老年时期的成熟和权术、智慧和争斗。《西游记》和《红楼梦》还共同探索了人生终极之皈依问题，近乎一种宗教的解脱……

这些小说是我少年时代就熟悉的，他的解读令我大开眼界，喜出望外！数十年来我对这段论述记忆犹新，虽然这个解释不是唯一的，也不是什么标准答案，只是他个人的判断。他曾说，《西游记》虽是一部非写实的神话小说，作者却在一个顽猴身上灌注了饱满的英雄的人性，在一头猪猡的躯体之中移植了酣畅淋漓的芸芸众生的灵魂。他的文论可以称为文学的人性观。其实他上课时并不照着讲义讲，他从来不作从书本到书本的概念演绎，也不是从文本到文本的形式传授，而是把文学真正当成“人学”，从人性、人生、社会着眼，始终贯穿对审美的“真”和“善”的理想追求。而这种追求又是建基于他独特的人生体验、独立的学术思考和对真理的执着精神。

1989年夏天，我最后一次听吴老师讲课，他拿6月初《人民日报》头版的一则加框新闻《北京这一夜》来讲汉语的奥妙。这则新闻全文只有两百多字，十分简要，最关键的是用了“突进”这个词。

从1990年夏天到1991年秋天，我在黄龙山的艰难岁月里，吴老师曾几次入山探望，给我买吃的，还给我借书、送书，他借来的一册《辛亥人物评传》给我留下很深的印象。吴老师爱我，吴老师惜我，让我在黯淡的处境中感受来自师辈的温暖与安慰。

三

吴老师年轻时也曾遭遇厄难，对于我的境遇他能感同身受。他生于1933年，早年在五马街口的温州一中上学，1952到1954年在杭州六和塔下之江大学旧址求学，其时之江大学已被肢解，文学院各系及部分数理化学系归浙江师范学院（以后叫杭州大学，再以后又并入浙江大学）。他就读的中文专修科，还是之江大学的老底子，名师云集，有一代词宗夏承焘、楚辞专家姜亮夫、目录学家蒋礼鸿、精通外国文学的孙席珍、在文艺理论上有造诣的蒋祖怡等。

夏先生给他们上“古典文学”课，他成了科代表，我问他何因，他说夏先生的温州口音重，班上有六个温州人，大概他学习还比较认真。

他喜欢孙席珍老师的课，尤其喜欢蒋祖怡老师“文艺理论”课，蒋老师对《文心雕龙》和《诗品》都有研究。在当时的氛围中，他当然也读了不少别林斯基等人的文艺理论著作。他对文艺理论的兴趣就是那时候萌芽的。

1954年他大学毕业后被分配到温州一中做语文老师，1955年进入温州师范学校教语文，并编初中教材。1956年10月中旬，他在《浙南日报》分两次发表文章《可笑又可悲的阿Q》，这大概是他最早公开面世的文学评论。1957年的“大鸣大放”，他没有发表任何言论，安然无恙。1958年夏天，“向党交心”运动开始，他是学校的语文教研组长，诚实地将思想上想不通的地方和盘托出，比如“外行领导内行”“卑贱者最高贵，高贵者最卑贱”等。很快，大字报贴出来，他被打成了“右派”，这年他二十五岁。他曾对我说自己挑过二十年大粪。二十年间，前两年在丽水乡村，住在一户农家，后十八年在温州郊外梧田镇慈湖国营农场，主要是在果园里照顾梨树、蜜柑树，除草、施肥、锄地等，两周可休息一天，农场离城区不远，有公交车，公交车费是0.16元一趟。

吴老师一直没有放弃读书，王朝闻的一系列著作《新艺术创作论》《新艺术论集》《面向生活》《论艺术的技巧》《以一当十》等，就是那时读的。王朝闻对他的影响不言而喻。这些书或是他买的，或是从他舅舅家拿来的。他也喜欢读杂志上的艺术评论。劳作之余，除了读书、写作，他还喜欢写字、画画，他对艺术的兴趣保持了一辈子。

1961年吴老师被摘帽后，还有机会发表文章。1962年9月19日，《文汇报》第三版以半版篇幅发表了他的《有笔如刀——谈华君武画蒋介石》，带着那个时代浓厚的意识形态痕迹，也带着他对漫画、艺术的好奇心，他的评论充满了特定时代的气息。虽在逆境中，他依然保持着精神追求是可以肯定的。此后他和华君武、叶浅予这些画家都成了忘年交，有书信往还，可惜这些信全都在“文革”中被付之一炬。

1978年，二十年的漫长时光终于结束了，吴老师回到温州教师进修学院任教，已经四十五岁矣。1979年，他的“右派”问题终于被解决。他在教学之余，开始将二十年来渐渐形成的对文学的想法形成文字。“文学人性论”“文学对应论”就是重要的两论，前者是针对长期以来不容置疑的阶级论，后者针对的是机械地图解生活的反映论。1985年11月21日，《北京文摘报》摘要发表他的《文学与生活对应的三种形态》，是《文学对应论》第二章的梗概，读者来信从全国各地雪片般飞来，我看到过他保存的许多封信，都是表示钦佩之情，并想看到全文。1986年初，《当代文艺思潮》刊登了他的《文学生命的三段式结构和“三同”对应》。接着，1988年出版的《文艺学新概念辞典》收入了由他撰写的“文学对应”这个词条。他提出的同构对应、同态对应、同形对应、同理对应、同情对应、同趣对应等概念，非常富有解释力。

四

1992年，我去吴老师家，那时他还住在九山湖畔清明桥那间狭窄的房子里，屋中堆满了书。有一次他拿出一本王国维的书，翻到其中一页指给我看。王国维说："生百政治家不如生一大文学家。何则？政治家与国民以物质上之利益，而文学家与以精神上之利益。夫精神之于物质，二者孰重？且物质上之利益，一时的也；精神上之利益，永久的也。"这是《教育偶感四则》中的话。我以前买的一册《王国维著作选》中就有这句话，只是我没有留意，轻轻滑过去了。经吴老师一指出，这句话我便死死地记住了。

大约是1994年，我最后一次去他九山湖畔的家中，正好他担任副主编的《语文审美教育概论》由浙江美术学院出版社出版，他拿给我看。他对美学和文艺理论长期的思考和探究，从这本书中即可看出，绪论、第六章、第八章的第一二节由他执笔，全书也由他统稿。他对语文审美教育的特性等论述，即使今天读来依然会有许多启发，可惜当时我对审美的研究已失去兴趣。

从那之后，我与吴老师音讯隔绝多年，那时他家没有电话，我几次给他家去信都泥牛入海，往他的工作单位写信，因他已退休，信也没能到他的手中。我曾到九山湖畔去找他，昔日的宿舍已是人去楼空。犹记得2001年秋天的某个黄昏，我再次到那里打听他的去向，问了附近的邻居，谁也不知他搬到何处去了。细雨蒙蒙，我站在他住过多年的那幢拥挤、陈旧的楼房前，三楼那间局促、狭窄的小房子，曾是我昔日问学之处，也是吴老师热忱款待过我的地方。我在那里默默地站了许久，怅然若失：难道我们就这样永远失去了联系？

然而，不到一年，我竟意外地收到书屋编辑部转来的一封信，正是我熟悉的吴老师的笔迹，他也一直在寻找我。他读到我发表在《书屋》的两篇小文，从文风确认是我，便给我写了一封信，字里行间充满关怀、期望和鼓励。看着吴老师的字迹，我激动不已。第二天，我给他回了一封信，并给他打了一个电话。听到我的声音，已近古稀之年的吴老师非常高兴。

不久，我又收到吴老师的一封长信，密密麻麻写满七页纸。读着他的信，看到刚健有力而又熟悉的字迹，我仿佛回到了亲聆教诲的学生时代。他在信中提出了"一个真正的完全的现代型的知识分子"应该具备的"五项条件或特性"。

1.独立、自由的个人；

2.直面现实的勇者：对历史、对社会、对人生，不负、不诬、不饰、不隐、不昏；

3.专门知识的依托：独立的学术、真知灼见、锲而不舍；

4.独立技艺的表现：或文章，或技术，或才艺；

5.生产或创造思想的能力：能给某个时期或某个领域做出规范。

我以为吴老师的概括基本上抓住了一个现代型知识分子的关键特征。饱经磨难的吴老师到了晚年，虽然生活的压力依然那么沉重，但他始终执着地思考着，默默地追求做一个现代型知识分子。他无显赫名声，也无著作等身，但透过他长期以来点点滴滴的思考，我体会到一个知识分子的社会关切，他毕生理想之所系，以及他守护独立人格的心志。

2011 年吴老师已年近八十，在 11 月 7 日给我的信中说自己"寂寞但充实地活着，痛苦但坚韧地活着""我们矢志自由思想，独立做人，不依附，不出卖，不党不私不盲；永远不跟市场知识分子起哄，也永远不拍低俗群众的马屁。”

自1993年从温州师范学院退休，吴老师又在温州市地方报刊协会打工二十年，八十岁后才真正过上退休生活。期间，他出版了《怎样看中国艺术——中国艺术独具的价值观念与精神内涵》。

我何其有幸，三十年前在九山湖畔得遇良师，其时正是吴老师患难余生中生命状态最好之时，他给我的信，我们在湖畔的问对，字字句句，过了三十年依然清晰如昨。三十年来，许多往事已然成灰、成尘、成空，而我当年向他问学的情景却随着时间的推移越发彰显出力量。吴老师知我，吴老师爱我，他与我的故事有一些今天尚未能写出，但在我心中却从未忘却过。

傅国涌

» 历史学者，曾为中学教师。主要关注民国教育、近代中国社会转型、百年中国言论史、知识分子的命运史、企业家的本土传统等，著述丰厚。

李烈：伟大的女性带着我们飞翔

/ 华应龙

感恩的人是幸福的，幸福的人会成功。一路走来一路歌，心存感激的故事一串串——老师的，学生的，家长的，领导的，朋友的，亲人的……下面我讲一个由一则短信展开的故事。

“云中谁寄锦书来？”2008年9月9日晚上10点37分18秒，我收到一位陌生朋友发来的短信。

人生不能缺少九类朋友：一是激励你让你看到自己的优点，提醒你让你看到自己的不足的朋友；二是维护你，并能在别人面前称赞你的朋友；三是和你的兴趣相近的朋友；四是能把你介绍给志同道合者的朋友；五是能让你全身心放松的朋友；六是能让你有机会接触新观点、新事物的朋友；七是帮助你理清工作和生活思路的朋友；八是有了好消息总是在第一时间告诉你与你分享喜悦的朋友；九是当你遇到困难和挫折时能向你伸出援助之手的朋友。

我久久回味这条短信，人生确实不能缺少这“九类朋友”，拥有了这“九类朋友”的人生一定是幸福的。这“九类朋友”可能是一帮朋友，也可能是集九个特征于一身的一位朋友。怎么可能是一位朋友呢？

那就容我慢慢道来。

一是激励你让你看到自己的优点，提醒你让你看到自己的不足的朋友

全国各地来北京第二实验小学考察的同行可能会记得李烈校长夸奖我的话语，“我们小华最大的优点是有自己的思想，有自己的思考。不管什么人、什么事，他都会质疑。他的课常常让人耳目一新。”“我们小华对中华传统文化的领悟，功底深厚，古人的话语信手拈来，是那么的从容、自然。”

对我的不足，李烈校长也是直言不讳。她经常把我叫到办公室，或严厉尖锐地批评，或语重心长地教导：“你只想着自己了，没有考虑别人的感受。”“要学会沟通，让老师们接受你。”甚至当着全体老师的面说：“小华，你再不好好练普通话，错一个字罚50元。”现在，我回到老家江苏南通，昔日的同事总夸奖我普通话进步真大。在工作中注意和老师们沟通，我悟出了“1－1=2”的道理——工作完成了，与老师们感情近了；而我原来的工作模式是“1－1=0”。

二是维护你，并能在别人面前称赞你的朋友

调进北京之后，我的人脉和教学上的影响基本归零，体贴入微的李校长帮我争取了很多展示的机会。校外，2002年，有北京市西城区“金秋杯”教学大赛开幕式上的展示课。校内，每当我上完观摩课，她都会真诚地感慨：“现在我的课上不过小华了。”然后，她会非常专业地、条分缕析地、切中肯綮地点评，令老师们频频点头。其实，李校长

曾获得全国第一届教学大赛的一等奖第一名，她的课令所有的人倾倒。

2009年6月21日20点50分，张梅玲教授发给我一条短信："应龙，从李烈处得知你工作状态不错。从校长的角度看，你进步很大，她对你是满意的。我为你高兴。你要认真学习李烈接人待物的亲和力以及对教育的执着精神。我想，人生旅途上能和她共事也应该是一种幸福，对吗……"

确实，我常常能从圈子内外的朋友那里，听到李校长对我的维护和赞赏。

三是和你的兴趣相近的朋友

我坚守课堂，李烈校长酷爱三尺讲台。

李校长每学期听课均在一百节以上，每听一节课后她都会和老师们深入地交流。她常常有"下水上课"的冲动，每学期都能让我们享受一餐课堂教学的盛宴。2005年，我在《中国教育报》发表的《细节成就完美》就是听完李校长"引领课"之后写的感悟。教育部刘兼主任看后，打电话给我："特级教师听特级教师的课，特级教师写特级教师的课，有意思！"

对听课感兴趣，对上课有感觉，除此之外，我俩还有一个共同的爱好——读书。

听李烈校长谈读书体会，我有时都怀疑："什么？这本书，李校长也读过啦？她哪有那么多时间读书啊？"《第五项修炼》《世界是平的》等都是李校长推荐给我的。我读了《包容的智慧》后，觉得心情非常舒畅，便给李校长买了一本。

四是能把你介绍给志同道合者的朋友

李烈校长把“南龙北调”之后，便抓住每一个机会把我介绍给教育部、北京市（区）的领导和专家，让我参加接待活动，让我主持沙龙，让我执教观摩课。有关单位请她上课、做报告，她总借口工作忙，总是说：“我们的小华课上得好，让他代我去吧！”

教育部刘兼、沈白榆等专家来校，李校长把我推上前台，后来刘兼主任把我吸纳进新世纪教材组。一年之后，因编写教材的压力，学校工作的压力，我有了退出教材组的想法，李校长知道后坚决地说：“不行，编写教材也是工作，那代表的是实验二小。”

随着邀请我讲课的单位日渐增多，我给自己定了一条规矩：周一到周五不外出讲课。当中央教科所、中国教育学会的领导说可以帮我向李校长请假时，我会说：“不用的，那是我自己不准假。”大约是2004年，深圳市教育局邀请我周三去讲课，我不去，后来他们找到李校长，李校长接完电话后就跟我说：“小华，去吧，你知道自己控制就好。”

五是能让你全身心放松的朋友

“让自己的天空长蓝，让他人的内心温暖。”这一直是李烈校长的座右铭。

李烈校长是一个澄明的人，率真、坦诚、热情。在她手下工作，你绝不需要费心思去揣摩她的心意，你尽可以放心、放手地工作。出了问题，李校长会担着责任，然后带着我们向问题学习；有了成绩，她却退居其后，成绩大家共享。

2007年3月5日，元宵节，我发短信问候李校长。12点14分51秒，李校长给我回复了（无论多忙，李烈校长都会回复的）：“人有时候应该像水一样前进：如果前面是高山，就绕过去；如果前面是平原，就漫过去；如果前面是张网，就渗过去；如果前面是闸门，就停下来，等待时机。愿你如水般顺应万变、快乐向前！祝元宵节圆圆满满！元宵节后喜事连连！”

我明白李校长发这样的短信给我是有心的，传达出一种期待。2007年暑假后，我被提拔为副校长。

上善若水，因物赋形。与李烈校长这样的人共事，自然放松，是一种惬意。我想您看完李烈校长的专著《给生命涂上爱的底色》后会更加认同。

六是能让你有机会接触新观点、新事物的朋友

2002年3月21日，我调进北京。7月，李烈校长就安排我去德国、法国、意大利等西欧八国考察，那是我第一次走出国门，真是眼界大开。

2004年，李校长又安排我去香港参加白板教学的国际研讨活动，让我感受到了白板的神奇魅力。

李校长让我参加了好多国内的高层次教学、教研、科研活动，“从自己的痛开始研究”，陶西平先生的“跷跷板说”等新观点都是参加活动时我所接触到的。

尤其是每年一届的全国教学大赛，不管活动在哪个省举办，李校长都会安排我带领学校六位以上的数学老师参加。

只有不断接触新观点、新事物的人，才不会故步自封，才会不断精进。

七是帮助你理清工作和生活思路的朋友

李烈校长欣赏我，把我调进了北京。当我融入北京，渐渐地为同事们所接受，成为全国有影响力的特级教师之后，她又多次提醒我，要有大的志向，大的抱负，并多次催促我出版自己的专著。

其实，李校长不单是这么要求我，对其他老师也是如此。

每过两三年，李烈校长就会让全体二小人制订个人发展规划，然后她整理成表格，对每位老师工作、学习、生活上的目标做到心中有数，以便在日常管理工作中帮助达成。2009年春节后，在李校长办公室，她对我说："小华，这些老师的专著，你负责催。你的专著，我负责催。"李校长注重教师生命价值和职业价值的内在统一，她的领导就是服务。这一点，我体会特深。

我做事拖拉，有时误事。李校长就用她的行动潜移默化地影响我。星期五，李校长会问我，"下周有什么活动，准备工作落实得如何了？"有时为了安排工作，李校长会让我帮她查看日程安排表。因此，现在，每逢周末，我会学着李校长的样子，把下一周的工作，按照轻重缓急排序、清理、记录。

八是有了好消息总是在第一时间告诉你与你分享喜悦的朋友

2005年，经过北京市西城区教委推荐，我被评选为首批"首都基础教育名家"，入选"首都基础教育名家"长廊，李烈校长接到会议通知后就把我叫到她的办公室，让我自己看完会议通知，然后真诚地说："小华，你是这一批中唯一的一位从外地调进北京的特级教师，今后要继续努力。"

2009年，我校的"'双主体育人'理论和实践的研究"课题获北京市教学成果奖，当李校长得知我们得了一等奖之后，马上打电话告诉我，和我分享获得市政府奖的喜悦。

一个人只有内心真正尊重人的生命价值，把他人尊重为合作的伙伴，而不是指使的工具时，才能真正像李烈校长一样“第一时间分享喜悦”。

九是当你遇到困难和挫折时能向你伸出援助之手的朋友

“谅人之难，帮人之过”是李校长经常说的一句话，每个二小人、每个和李校长打过交道的人都会有深切的体会。

“夫妇双方是教师，一般不安排在同一所学校。”这是李烈校长帮我调动工作时说的话。我调进北京之初，我的爱人被安排到北京第二实验小学怡海分校工作，她从家去学校的路上需要花费两个小时左右的时间，工作上也需要住校。两个月之后，当李校长知道我的生活自理能力特差，便开始想办法将我爱人调回我的身边。7月，我的爱人从分校调进本校，自此我们夫唱妇随。

一次，我和李烈校长到郑州出差，我帮她拎大包，她帮我拎小包——一个看上去小得多的笔记本电脑包。当她感觉到我的笔记本电脑很重很重之后，关心地说：“小华，你这个笔记本电脑太沉了，外出携带不方便，我办公室有个东芝牌的笔记本电脑，小得多，回去后拿给你。”后来，学校帮我们更换了轻巧得多的华硕笔记本电脑，但我还是喜欢用李校长送给我的小巧的旧笔记本电脑。因为，那小巧的旧笔记本电脑有一种温度，打开它，我会获得更多的灵感。

综上所述，做出一个判断——李烈校长是我人生中不能缺少的“九类朋友”——没有问题吧？一点都不牵强吧？

其实，李烈校长是每个实验二小人人生中不能缺少的“九类朋友”。李烈校长是画圆高手，每一个二小人都在她画就的“圆”上，每一个二小人都感觉到李校长对自己特别好，特别亲。正像佛家主张的“人人皆有佛性”，李烈校长视人如己，让大家和谐共生，帮助每一个二小人做最好的自己。

记不得读的是歌德的哪一本书了，不过，我记得歌德说了这样一句话——伟大的女性带着我们飞翔！我要说：“李烈校长就是这样一位伟大的女性！”

华应龙

» 小学数学特级教师，北京教育学院兼职教授。现任北京第二实验小学副校长，著有《我这样教数学》《我就是数学》《个性化备课经验》等。

怀想春风

/ 朱煜

一

商友敬老师不是我一般意义上的老师，因为我从没进过他的课堂，听过他的课。可商老师又是我最重要的老师，他的书房就是我的课堂。

1993年，因为好友的介绍，我认识了商老师。那时，商老师住在一幢老式公房的底楼。房子很小，采光不好。商老师用一个过道当书房，我们就坐在书柜上，喝着先生泡的茶，在昏黄的灯光下聊天。我看见书架上有一套《海上述林》，那是鲁迅先生编辑的最后一种书，以前只是听说，那天见到实物了。中午，商老师请我们到近旁的小饭馆里吃饭。老板见了，笑着说，“商老师又请学生吃饭啊。”

没多久，商老师搬家，我和几个同学去帮忙搬书。新居有两间房，一间便做了书房。书搬完，商老师送给每人一本书。我得到的是《知堂小品》，书前面有舒芜先生的序。序言写得很好，商老师在旁边用红笔画了很多圈。在一句希腊古格言“知道你自己”的下面，商老师还画了曲线。现在我仍经常翻看这篇序言，特别是有圈点的地方。比如：“周作人散文和读者的关系，大部分都是朋友之间的漫谈……读者感受到的是平等的亲切……”“周作人散文……看似一挥而就……其实有无限的意匠经营。”“在周作人的散文中，悬串着两个特色，一个特色是始终追求‘人文的全体’……另一个特色是极度珍重思想的自由、判断的自主。”这些圈点对我以后读周作人的作品产生很大的影响。同时，这样的圈点让我逐渐明白如何读书、如何思考、如何写文章。

商老师后来又搬了一次家，书房更大了。可我还总怀念商老师原来的那间书房，它朝南，出太阳的时候，房间里满是阳光，阳光里，老师坐在摇椅上，取过一本自己刚出版的新书，在扉页上写上“朱煜仁棣留念”，然后笑眯眯地递给我。这样的情景实在叫人难忘。

那时，我当教师不久，对于如何教语文一片迷茫。好像是一个冬日，商老师打开一本王尚文先生的《语文教育学导论》，书上照例有很多圈点，他指着书读起来。

“工具说”的致命失误在于它割断了语言和人之间的先天脐带，把“人”赶出了语言教育的课堂。由于得不到作为人的生命活动、精神活动的滋养，语言于是成了僵死的如同锯子、刨子、凿子一样的工具，不管教师再怎么努力教，学生再怎么认真学，语言这一工具始终是一种“异己”的对象而难于掌握。

这段话对当时的我来说可谓振聋发聩。从此，我成了王先生的忠实读者，并把书里的观点用在自己的实践中。商老师还说起自己刚走上讲台时也不会教书，去请教谭惟翰先生。谭先生说，好的语文课应该将作者的行文思路、教师教学的思路、学生学习的思路融合成一条思路。这话我当时似懂非懂，更不能实践。现在我懂了，也在教学中努力落实，且深感幸运——在初上讲台时就有前辈为自己指了一条正道。

在书房里，商老师总是兴致勃勃地讲趣闻掌故，谈教育、谈读书、谈世情。他总是一边说一边从书架上找出相关的书来，很快地翻到某一页，读上一小段，读到会心处，必定哈哈大笑着说：“好极了！太好了！”看着老师的笑容根本想不到他曾饱经磨难。我常被这笑声感染，因为在笑声的背后有一颗赤子之心。

没有商老师，我就不是现在的我。老师在思想、专业、生活、读书诸方面时时给我启蒙、点拨和帮助。老师去世后，我经常沉浸在哀伤的回忆中，回忆与老师交往的点点滴滴。1996年，我写了一组书信体随笔，谈自己对语文教学的感想。商老师读了，立刻把文章推荐给《浙江教育》杂志。没多久，文章发表，这是我第一次发表专业文章。1997年，商老师约我一起编写人教版教材配套的作文教参，我编了五年级一册，那是我出版的第一本书。1998年，商老师把我介绍给一些办学机构，每周给小学生上一次作文课。上课时，学生在前，家长在后，所以我每次上课都必须充分关注学生的学习状况。这样的磨炼使我提升了教学技能，更逐渐树立了以生为本的教育理念。2002年，商老师引荐我加入《新语文作文》的编写团队，我由此结识了钱理群先生、王栋生先生等前辈，得到许多教益。商老师一贯奖掖后进，对学生们一片赤诚，给予无微不至的关心，类似事例不胜枚举。

商老师去世时，很多师友写挽联，写文章，我没有写。不是不想写，而是写不出。我一直在想，应该怎样来认识老师的价值。如果说老师的离去是我们这些弟子的损失的话，那么我们到底损失了什么？其实把这些问题归结起来，也就是一句话——商友敬老师是谁？

商老师酷爱读书，去世前两周，我去医院看他，他从床头取出两本书给我看，一本是周质平的《胡适与中国现代思潮》，另一本是叶嘉莹的《说汉魏六朝诗》，这是他生前读的最后两本书。前一本是2002年出版的，想必老师原来读过，住院时想重读。后一本初版于2007年，估计老师买后没有来得及读，因此带进了医院。我以为一般情况下，人在生命最后时刻想读的书必定是自己最感兴趣的或者最能激起共鸣的。

《胡适与中国现代思潮》分为两部分，前半部分讨论胡适与同时代的文人学者（鲁迅、冯友兰、赵元任、梁漱溟、钱玄同等）的关系、区别，后半部分讨论胡适先生的政治观、文化观、家国观。《说汉魏六朝诗》中叶嘉莹先生从个体诗人入手，通过对其代表作品的讲解评析，阐述历史时代、社会现状和诗人的身份地位、品性才情与诗歌作品的关联，展示了汉魏六朝时期文学的整体风貌以及这一时期的诗歌在中国文学史上的地位。仔细想来，这两本书正可以回答前面的问题——商老师是一位具有典型传统读书人特质的现代知识分子。

商老师出身世家，交游广泛，年轻时得到名师指点，对传统文化钻研很深，对古诗研究更有独到见解。商老师一生中最美好的岁月是在监狱中度过的。有一次，我问他如何熬过那段日子，他只说了三个字“背唐诗”。可见，传统文化不仅是商老师做学问的领域，更是他精神家园的基石，他吸收了传统文化中的精华，成为有风骨的知识分子，虽历经磨难却未被击垮。更可贵的是，商老师不断读书不断反思，具有强烈的现代意识，他洞明世事，提笔著文，鞭笞丑恶，传播常识。他把十余年的磨难化作教坛春风，让学生懂得中国的前世今生，明白世界大势。

商老师患病后动笔写回忆录，可惜最终只写成数篇。他还对我说，如果有时间想写一写他的家族在一百年中的兴衰。我说，那一定会有极高的史料价值和文化价值。可惜最后也未写成。每念及此，老师怅惘尤甚。

二

1992年3月的某天，经人推荐，贾志敏校长到我就读的师范学校找到我，他的学校缺少师资，希望我提前毕业，上岗工作。虽然之前我听过贾老师的报告，但真正相识应该是那个时候。就这样，贾老师领着我走上了讲台。先教美术，再教数学，我还当了大队辅导员。一个学期后，我向贾老师提出，想教语文。贾老师同意了。那时，贾老师正在准备《贾老师教作文》的讲稿。没多久，电视台开始连续播出系列片《贾老师教作文》，轰动异常。由此，不断听作文课，上作文课，读作文教学理论，我的语文教学生涯从作文教学起步。

1996年，上海市浦东新区教育局将我指定给贾老师做徒弟，还签了带教协议。贾老师经常上公开课，我去听课，听完了就谈感想。他经常提醒我："学生是教师的衣食父母。"这句话背后的学生观，对刚做教师的我而言，意义太重大了。我从来没有跟着贾老师翻来覆去打磨一节课，更没有在教学环节上纠缠，贾老师总是让我从整体上感受他的整个课堂。

贾老师在20世纪80年代初曾与叶圣陶先生通过信，后来在某个会议上，结识了叶先生的长子叶至善先生。为此，他写过一篇文章，我摘抄了几段。

原来，叶老从不给孩子教授作文入门、写作方法之类的东西。他仅要求其子女每天要读些书。至于读点什么，悉听尊便。但是读了什么书，读懂点什么，都要告诉他。除此之外，叶老还要求其子女每天要写一点东西。至于写什么也不加任何限制，喜欢什么就写什么：花草虫鱼、路径山峦、放风筝、斗蟋蟀、天上飞的、地上爬的、水里游的、听人唱戏、看人相骂……均可收于笔下。

纳凉时，叶老端坐在庭院的藤椅上，让孩子把当天写的东西朗读给他听。叶老倾听着孩子朗读，从不轻易说"写得好"与"写得不好"之类的话，比较多的是"我懂了"和"我不懂"。如果叶老说："这是什么意思呀？我不懂。"其子女就得调遣词语或重新组织句子，尽力让父亲听得明白。直至叶老说"噢，原来是这么一回事，我懂了"时再继续读下去。

叶圣陶先生用启发的方式让孩子们自己找到作文中的不足，修改完善。经常这样训练，孩子们也就学会自主习作了。现在回想起来，当年贾老师带教我时，也用了这种方法。受了这样的训练，我就不会去机械模仿贾老师的课堂教学手法，而是自行领悟教学方法背后的教育教学思想，掌握了思想，设计、实施教学环节就有效得多了。

除了上课，贾老师更多的是教我编辑校报、修改稿子、排版校对。这看似与语文教学无关，实际上却是提升语文教师基本素养的最好途径。我从教二十多年，从写文章到写书，从编校报到编套书，都是源于当初的历练。

说到写文章，贾老师年近七十开始学习电脑打字。他视力不好，打字时，脸几乎贴在屏幕上，几年中，竟在电脑中写下几十万字。贾老师青年时期因为家庭出身的原因，饱尝艰辛，能由一个代课老师而成长为著名的语文教育专家，个中努力和坚韧不是三言两语可以道尽的。这几年，贾老师身患重病，但依然凭着这股韧劲和对语文教学的热爱，在全国各地上课讲学，传播思想。贾老师一上讲台便神采奕奕，一手漂亮的粉笔字依旧苍劲有力。我知道，他是在跟时间赛跑。每到年节去看望他，告别时他总会说："有空多来坐坐，来看看我。"听了这话，我总是眼眶发热。

贾老师是传我"吃饭家什"的人。因为他，我学会了上语文课，懂得了什么是为学生服务的语文课，使我在新方法新口号满天飞的当下，不会迷失。

三

陈之藩先生有篇文章叫《在春风里》，回忆了他与胡适先生的交往。

并不是我偏爱他，没有人不爱春风的，没有人在春风中不陶醉的。

因为有春风，才有绿杨的摇曳。有春风，才有燕子的回翔。有春风，大地才有诗。有春风，人生才有梦。

春风就这样轻轻的来，又轻轻的去了。

这段文字是对“如沐春风”最好的诠释。我何其有幸，几十年沐浴在春风里，感受着读书的美妙、教书的美好。

朱 煜

» 中学高级教师，华东师范大学硕士研究生兼职导师，中国教育学会名师巡讲团特邀讲师。上海市园丁奖获得者。出版专著《讲台上下的启蒙》《还在路上》等，主编、参编教育教学著作数十部。

亦师亦友亦亲人

/ 王文芳

萌生写我生命中至关重要人物的念头，是在五年前，却因为种种原因我迟迟未动笔。五年来，因为工作的变化我们很少见面，更由经常通电话转为默默挂牵。今年暑假我终于有机会绕道去上饶市看望她，一个小时的匆匆相见，又怎化得开二十多年相识相知与相伴的情缘，倒是再次促使我下决心提笔，讲述这段长长的往事。

初识

20世纪90年代初，在当小学语文教师六七年后，我才第一次有机会走出万年县，到上饶市参加一个农村小学语文教师阅读教学观摩活动——当然，只是去听课而已。但正因为是第一次见识学校以外的语文课，看到那些选手在语文课堂上的种种表现，除了满心的新奇、羡慕，我发现自己的语文课堂，包括我的个人素养，竟然和参赛选手没有太大差距，甚至超过了部分选手。第一次外出，我不仅见了世面，还增添了几分自信。

这次学习，我还知道了一个名字——郑初春。那时，她正是上饶市教研室的小学语文教研员，也是观摩活动的策划人、组织者、指挥官。高大的身型，白净的大脸盘，短短的卷发，说起话来声如洪钟，做事干脆利落，眼睛一扫，有一种不怒而威的穿透力，无法不让人敬畏，又深深地把人吸引。而我，以一个无名小辈的角色淹没在数百人的观摩现场，内心里波涛起伏，渴望接近她，向她表达我的观课思考，外表却依然宁静如水，认真地听，专注地看，仔细地记。忙碌不堪而从容调控会议各事项的郑老师，当然没注意到人群里坐着一个不起眼的女孩。她炽热如炬的目光一次次从场内观摩老师的脸上扫过，几乎没有在我脸上停留片刻。

几年后，1994年的夏天，又一次重大的观摩活动的机缘，把我从人群中推到了舞台上。那年，为选拔全国第三届小学语文阅读教学观摩大赛的种子选手，上饶市教育局从各县开始，一级一级层层筛选。我的第一任师父——万年县教研室语文教研员徐一德先生无意中发现了我，经过前期打磨训练，把我推到了市里，我才有机会真正开始和郑老师交往。

伯乐

1994年夏天之所以能够成为我人生中一段美好的日子，完全是因为郑老师的垂爱。那次，我执教的是人教版教材《小音乐家杨科》，整节课没有太多的讲解、分析，而是引导、指导学生抓住课文中几个重点细致的描写，一遍遍地朗读课文，从而体悟杨科在乡村田野聆听大自然音乐的陶醉，听到小提琴演奏的欢喜，对小提琴的迷恋和渴望以及临死前对乡村的留恋……同时也在朗读中学习语言的表达形式。现在回过头来看，这样的设计挺胆大，操作起来难度大，老师的教完全建立在学生的学的基础上。而郑老师和当时的各县教研员显然是认可并欣赏这样的设计的，否则，像我这样一个没有任何背景的新人很难脱颖而出。第一次参赛，我就获得了一等奖，还代表上饶市参加了江西省的比赛，这样的结果让我意外又兴奋。

准备比赛的日子，郑老师就我原有的设计进行了反复推敲，指导我一遍遍修改，还组织各县教研员分头帮我修改教学设计，并带队亲临我的学校，再次听课、磨课。1994年6月，我信心满满地登上江西省青年教师阅读教学观摩大赛的讲台。授课过程中，课堂上生成了很多精彩，特别是学生在老师的引导、指导下动情地朗读课文，表达自己阅读感悟时的妙语连珠，博得了听课老师的阵阵掌声。课一结束，录像带订购处便挤满了订购这节课的课堂实录的老师。

遗憾的是我最终只获得了二等奖，原因是我的课“没有注重语言文字训练”。我清楚地记得那天下午，当主持人在台上宣布比赛结果，报到我的课获二等奖时，台下一片唏嘘。师父徐一德先生激动地要去和组委会理论。见此情景，郑老师也很难过，一遍遍地自责：“唉，都怪我人微言轻，要是肖老师在就不会是这个结果（已故江西省首批特级教师肖文青先生也对我有知遇之恩，当时是江西小语会的重量级专家，因为当时发洪水道路不通没能到场）。”看到两个老师都如此真诚地为我惋惜，我反倒很快从失落中调整过来，安慰他们说：“没关系，一次比赛而已，我会继续努力学习的，争取走得远一些。”郑老师豪爽地一挥手，说：“好！有志气！我请你们吃饭，我们自己去庆祝一下！我看好你，你一定会有出息的！”我不知道，如果当时我顺利得到一等奖，我后面的成长之路会怎么行走，或许命运会改写吧？但是，郑老师别样的鼓励和嘉许，对一个失意的年轻人所产生的意义，同样是非凡的。

会后，我鼓起勇气找到当时江西小语会秘书长、小学语文界的前辈龙老师，向他提出了我的疑问：“用什么样的标准来判断一节语文课是否重视了语言文字训练？难道把某个字组个词语，或者把课文中的某个词语拎出来造个句子，就是语言文字训练吗？学生一遍遍地朗读课文，把每个字、每个词、每句话都读到心里去，读到灵魂里去，感受语言文字的魅力和温度，这算不算语言文字训练呢？”我已经忘了龙老师是怎么回答我这一连串犀利的问题的，只是清楚地记得他说我“后生可畏，敢想敢思”。多年后，由郑老师引荐，我有幸得到龙老师多次指点，并被邀请参加江西小语会成立二十周年阅读教学观摩课展示活动。在那次展示活动中，我执教的阅读教学《一夜的工作》得到教育部全国中小学教材审查委员杨再隋教授的高度认同，他称赞这节课“上出了真正的语文味”。这个经历，让我的眼界和心胸再次打开，我得到了一次飞跃式的进步。

导师

虽然没有任何仪式和承诺，但从1994年夏天开始，我就认定了郑老师是我的第二个师父。的的确确，在她的引领下，我从此走上了一条全新的成长之路。

第一段路（1994年—1997年）：从教坛新秀到骨干教师。

第二段路（1997年—2001年）：从骨干教师到教改新星。

第三段路（2001年—2004年）：从教改新星到省特级教师。

第四段路（2004年—2010年）：从省特级教师到全国模范教师。

回首来时路，郑老师的角色可谓极其厚重。我所能到达的每一个平台，几乎都是她为我铺搭的；我的每一次开拓创新，几乎都是她在前面领路；我每一次遇到困难时沮丧，都受到她的鼓励；我每一次进步后的飘飘然，都会被她巧妙地点醒。我知道她应该是没有学习过教练技巧的，但回过头来看，她是一个超级优秀的教练。她用母性的慈爱包容我小女儿般的顽皮，用目标任务驱除我的懒惰，用委婉敲打警醒我的小傲气，用放手信赖激发我的创造力……或许那个时候，她就发现我不是一个好带的兵，没两把刷子的人，是不容易收服我的。正是这段特殊教练的经历，让我能够一直往前走。

2001年，在郑老师的力推下，我有幸参加了教育部第二期跨世纪园丁工程小学语文教师国家级培训，再次走入一方新天地。为期三个月的脱产集中培训，让我得以系统地学习了教育学理论，阅读了大量的教育经典名著，思考、梳理了自己的教学实践，并结合杜威和陶行知先生的“生活”与“教育”的关系理论，完成了“小学生活化习作教学研究与实践”的初步构想。该构想先后两次入选江西小语会、江西省教研室规划课题，持续研究十五年，取得了多项研究成果，包括发表了以该研究为核心思想的学术论文，主持习作刊物的专栏，还发表了大量的学生习作教学案例。更有意义的是，在这期培训班里，我结识了来自全国各地的八十多位优秀名师，在他们的影响和帮助下，开始学着做一个实践中的研究者。

同年，在郑老师的带领下我加入由佘同生、龚皓康两位教授领航的国家级课题研究组，进入由教师到教学研究者的转型期。后来的几年，郑老师带领我以及整个上饶市的研究团队辗转祖国南北：广东深圳、南海、梅州；湖南长沙、怀化；河南许昌；江西赣州……上课、参会、做讲座、评课……一点点地磨，一样样地练，一个话题一个话题地思考。一大批青年语文教师像雨后春笋般地成长起来，我也从刚开始的参赛选手慢慢变成评委导师，后来还有幸成为专家组的核心成员。而那些当初跟随郑老师历练过的很多青年语文老师，今天已经成长为学校的校长、副校长，或省市教学骨干，上饶市小学语文学科更是一度在江西省乃至全国都有很大影响力。于我而言，这两次重大转折，为我2004年荣获“江西省第四批特级教师”称号积累了足够的能量。

说到“磨课”，近年来似乎有一些不同的声音，很多人认为磨出来的课失去了真实性。但作为从磨课中走过来的人，我认为磨课是大多数青年教师成长的必经之路，其对促进年轻人进步的意义是非常重大的。

我个人就是在为准备参加全省比赛的长达一个多月的磨课中，学会如何解读教材、如何设计教学内容、如何设计各环节的教学技巧、如何在课堂上倾听学生的声音、如何有效地引导学生和文本进行对话，甚至还老老实实地练了一个月的粉笔字。没有这段磨课经历，大多数像流水一样忙于教学事务的日子，哪来的动力和恒心去学习教学理论、思考教学问题、锻炼教学基本功？没有人指导的学习，又要走多少弯路呢？恐怕结果就是磨掉了心性，磨掉了锐气吧。不排除有的人能够靠自己琢磨获得良好的教学基本功和对教育的真知灼见，但这毕竟不是大多数。所以，我以为年轻人要谨慎、理性地对待磨课。

事实上，20世纪90年代初以来，上饶市小学语文教研队伍在郑初春老师的引领下形成了如火如荼的教研氛围，每学期至少有一次各种形式与主题的教学比武、学术研讨，每一次都有新面孔亮相，每一次都有优秀的教师脱颖而出。越来越多有想法、爱思考的青年教师加入到教学实践与研究的行列，成长为学科教学的骨干。从这个意义上说，郑老师不仅是我人生的关键人物，也是很多年轻教师人生的关键人物。也正是因为一直亲历其中，参与着，体验着，感受着，我初识郑老师时的敬畏之情中，“畏”渐渐褪去，“敬”日益浓厚，更添了“钦佩”之情。

挚友

我始终相信，每个生命都有自己特有的频率，或者说是波段。你会遇见很多人，但那些和你波段相近、震动频率相近的人，才是能够与你一起行走的人。

从初识郑老师，到认定她是我的导师，在她的引导、帮助下一点点往上走，似乎我们的频率越来越接近，波段越来越接近，我们之间的默契度也越来越高，关系也更像彼此欣赏和信赖的朋友。但是当我试图回忆一些细节时，我发现那些事件早已融化成莫名的情感：只记得每次相逢和告别，我们都会拥抱对方；只记得每次有教研活动，我若提前到市里，总喜欢到郑老师家里坐坐，说说心里话。我完全不记得，从什么时候开始，我已称呼她为“大姐”了。

我清楚地记得，在我被评上特级教师后，大姐说：“你现在已经很成熟了，但若想往外打开，还需要一些途径。”那一年，大姐牵线搭桥、全力筹备，为我和另外三个年轻老师举办了一场极其庄严而隆重的拜师仪式，导师是全国著名特级老师于永正、高林生两位前辈。在拜师仪式上，我上的是一节描写人物的作文课——《班级之最》。按照我自己的研究成果“小学生活化习作教学实践与研究”的策略，我把“写人作文”这块小学阶段难啃的骨头进行了巧妙的包装，设计成“谁能荣获‘班级之最’奖章，请为这位最有特点的同学写一篇人物介绍的文章来申请此奖项”，以此来指导学生如何抓住人物特点进行描写，有效地突破了写人的作文“特点不鲜明，事例不生动”的问题。当我从师父手里接过鲜红的拜师证书时，眼睛的余光清楚地看到大姐在舞台的侧幕微笑，那笑容是那么满足，那么从容。其实我们都是她的徒弟，可以说是她手把手带出来的，世上有几个人能这样有气度、有胸怀呢？是的，人与人的差别就在于格局。

亲人

我被评上特级教师后，不断收到外地学校抛来的橄榄枝，优厚的工资待遇和发展空间无一不诱惑着我，但我总有很多顾虑。每次和大姐商量，她从来不帮我拿主意，只是听我诉说。当我说：“我还是不想离开家乡，毕竟是家乡培养了我。”她会点头赞同：“是啊，人总是要懂得感恩的。能坚守下来，很了不起。”当我说：“我想离开了，我不想用船到码头车到站的心态来度过我余下的教育生涯。在同一条轨道上走得久了，感觉人都钝了。”她会说：“也是啊，你是一个有情怀、需要创造空间的人，换一个环境或许对你更合适。”她不再像领导一样指导我，而是像亲人一样理解我、相信我。

2013年，经过痛苦的比较，我终于做出了人生中一个非常艰难的决定：辞去公职，离开体制，离开走过了三十年宝贵青春之路的单位。当我把这个决定告诉大姐时，她轻叹了一口气说：“唉，走吧。你是一个渴望做点事情的人。既然有一个能让你专注于自己事业的地方，就不要再犹豫了。对你来说，这是最后的机会。以你这些年来的积累和付出，你有资格得到这样的机会。”说出这番话，她俨然是一位至亲的长姐了。懂我者，大姐也。

其实，大姐又何尝不是一个“做事的人”呢？那些年，为了带领整个市的小学语文学科团队，她的身体长期处于透支的状态。而专注于做事，难免会触动周围人、事的敏感点，给自己带来这样那样的困扰，退休没多久她就遭遇了健康危机，不幸罹患乳腺癌。

那天，我是在从上海看病回家的列车上，接到大姐打来的电话的。知道我是去看病了，她一再叮嘱我要注意身体，然后轻描淡写地告诉我她刚检查出晚期乳腺癌。那平静的语气让我以为她是在开玩笑，一再追问“是真的吗”，大姐没有说任何委屈、抱怨和恐惧之类的话，只向我描述了检查的结果以及医生给出的治疗方案，并告诉我发生了的事总是要坦然去面对的。

不久，她就去了北京治疗。没有经历癌症病痛考验的人，无法体会长达一年时间的放疗化疗所带给人身心的考验与摧残，而每次通话，我从来没有从大姐的声音里感到过虚弱、痛苦。她始终用和健康时一样爽朗的笑声，平静地向我描述治疗的情况，告诉我病情得到了控制，身体还吃得消。

一年后，大姐的病情稳定，从北京回到上饶，我专程去看望她。久别重逢，站在我面前的已完全不是我记忆里的那个大姐了，满头浓密的黑发变成了稀疏的白发，饱满而有光泽的圆脸庞松弛而蜡黄，健硕的身体也瘦了一大圈。和她再次拥抱，我流泪了，为了不引她伤感，又悄悄地擦去了。我知道在她面前，我没有资格伤感，因为伤感是对她的达观、坚韧的亵渎，她当得起我永远的敬意与爱戴。

王文芳

» 小学语文特级教师，全国模范教师，教育部首批国家级骨干教师培训班学员。致力于“小学生活化习作教学研究与实践”，发表相关论文案例两百余篇。开发集听、说、读、写于一体的“小学生故事课程”，并录制有声故事“文芳老师讲故事”两百多期。

幸好您在

/ 沈丽新

一

我读小学五年级那年，刚开学半个多月，语文老师兼班主任要去进修两年。教育局把朱伟康老师从偏远的村小紧急调到中心学校，教我们班。那年——1984年，我11岁。

那时，我的学业成绩出类拔萃，经常考班级第一，有时候一不留神也会考年级第一。虽然是女生，但我并不偏科，数学一样拿手。

然而朱老师的出现，开启并奠定了我对语文的偏爱。他鼓励我们写日记，要求每周至少写一篇，一周交一次。他会挑选出优秀的日记，抄写在两周更换一次的黑板报上。而我的日记，是黑板报上出现频率最高的。我逐渐沉迷写日记，虽然朱老师只要求每周写一篇，但我却天天写，每次交七篇。

每两周一次的作文课我也特别期待，因为朱老师经常会朗读我的作文。对教师而言，这也许只是普通的讲评作文的方式之一，但对当事学生来说，则是无穷无尽的学习的动力。这样的教学方式无形中激励我去读更多的书，追求把日记与作文写得更出彩。

——朱老师，幸好您在，在我懵懂的学习生涯里。谢谢您让我因为爱上写作而爱上阅读。在我困顿的时候，阅读与写作，一直慰藉着我的心灵。

二

教我们那会，朱老师应该刚参加工作不久。现在回想，他当时应该也是个文艺青年。他喜欢书法，用心教我们练字，但很可惜我并没有练好字。

朱老师还兼上我们班的音乐课。作为语文老师兼班主任，他居然从来不占用我们的音乐课。他经常很时髦地拿着录音机让我们学唱当时最流行的程琳的歌：《小螺号》《妈妈的吻》《熊猫咪咪》……我读初一时参加学校“智林之声”音乐会，以演唱程琳的歌曲一举夺得二等奖第一名（当时中学尚有高中部、职高部）。

朱老师是恢复高考后的中师生（以高中学历考中等师范学校），接受过正规的师范教育，所以他也会弹琴。每逢音乐课，班上的大个子男生就会把风琴抬到教室里。朱老师按着教材进度正儿八经地给我们上音乐课，乐理、简谱都会讲。渐渐地，我看到简谱就会自己学唱从没听过的歌。小学没毕业，我居然会看着简谱弹琴。

后来考上中师，我的琴法毫无悬念地在班上名列前茅，被音乐老师特批可以使用钢琴练琴（其他同学用风琴）。中师三年，除了上课、看书、写文章，我所有的业余时间都泡在琴房，让自己与音乐大师的灵魂更近距离地接触，也让自己的精神世界更有质感。

——朱老师，幸好您在，在我开启审美心智的光阴里。谢谢您让我爱上音乐，并为我打开观望世界的一扇大门。在生命中最消极的时候，音乐给了我最好的疗愈。

三

但我从来不是完美的学生，经常犯各种错误。

有一次，不记得什么原因，我居然从读初二的哥哥的课外书上抄了一段描写雾的文字，写在日记本上，交给了老师。毫不例外，朱老师对这段文字大加赞赏，并让负责当期黑板报的同学抄在黑板报上。

然后，很不幸、但也很自然地，我的抄袭事件被同学们识破并检举。他们拿着同样的课外书给朱老师看——那个时候，我们都有哥哥姐姐，哥哥姐姐们有限的课外书也是统一的。

朱老师也许很吃惊，也许很失望，但是他没有流露出任何指责与批评的神态。他甚至帮着我开脱："日记本来就可以摘录的啊！不一定要自己写的。沈丽新能够把这段文字抄写在日记本上，证明她在看课外书，而且她懂得收藏优美的文字。"他只是不动声色地擦去了黑板报上那篇《雾》的作者的名字。

——朱老师，幸好您在，在我犯错误的时候。谢谢您的不批评、不指责，只是让那一期黑板报无声地拷问了我两个星期，让我从此不敢再起这样的心性。

四

1986年6月，我要小学毕业了。

其实当时我们唯一可能升入的初中只有一所，而且也在同一个镇上，但我们还是热衷于写毕业留言册。我至今记得朱老师在我的毕业留言册上的赠言：“用勤奋之梭织网/在知识汪洋捕捞/任凭风吹雨打/收获一片金黄。”

小学在镇子的东边，中学在镇子的西边，我家就在中学附近。小学毕业后，我大概没什么机会与理由可以回小学。即便可以回到小学，也永远不可能仍然是一个小学生了。这种伤感，让我在毕业那天，在操场上要拍毕业合影的时候，“失踪了”。大家排好了合影照的队形，我却躲在教室里哭。朱老师让同学找到我，并把我带到操场上。他没有埋怨“大家都在等你”，只是让迟到的我站在最边上，一起拍合影照。

直到过完暑假，在我们升入初中半个多月后，我们才收到中学班主任转给我们的小学毕业照。照片上，刚哭过的我，沮丧地站立着，可是，脸上却又有一些隐秘的快乐在流动，因为在毕业合影的时候我有机会离朱老师那么近。

——朱老师，幸好您在，在我多愁善感的伤别离之际。谢谢您没有破坏我小学毕业时的离愁别绪，让我一直保留对小学生活的无限美好回忆。一个童年里曾被温柔对待过的孩子，他才有可能滋生更多迎接未知世界的力量。

五

1989年，我初中毕业，顺利考上中师。

在那个年代，能够考上中师是比考入重点高中还难、还荣耀的事。很多家庭会因自己的孩子考上中专、中师而大办酒宴，宴请亲朋好友，以及孩子的同学和老师。

我父母也说要办酒宴，但我强烈反对。考虑到家庭条件不好，需要为哥哥造房子、娶媳妇而存钱，我才放弃读重点高中而考中师的。我不要父母花这个钱，但却觉得亏欠了所有教过我的老师。我因此心虚，不敢面对曾经的老师们。暑假里的某一天，我独自去学校传达室拿了录取通知书，在本该最自豪的时候，没有得到一句祝贺。

9月，在我入读中师后，我给朱老师写了一封信，汇报自己初中毕业后的去向。小镇不大，大家口耳相传，朱老师其实早已知道我考取中师，但他的回信还是很长很认真，有句话让我瞬间落泪，“你是我教过的最好的学生。”

——朱老师，幸好您在，在我觉得有沉重精神负担的时候。谢谢您告诉我，我曾经是您最好的学生。也许您只是安慰一个内心脆弱的孩子，但您却让我放下精神负担，轻装上阵，开启新的学习旅程。

六

1992年，我18岁，回到母校工作，与朱老师成为同事。朱老师是一个比较严肃的人，他从此开始视我为同事，只叫我“沈老师”，不再叫我的名字。

当年很多学习成绩不如我的同学，在这一年去大城市读大学。我却回到了童年的乡镇学校，似乎我的人生已经画了一个完整的句号，看似圆满，却也无限封闭。经历了城市文明之后回到乡镇的我，迷茫而悲观。在学校里，我尽量躲着朱老师——我哪里配得上是他曾经的“最好的学生”。偶尔在校园里遇到，也只是有礼貌地称呼一声：“朱老师好！”

后来在老校长的安排下，我去大学脱产进修。1996年，等我回到母校工作，老校长已经退休了，换了新校长。朱老师已经成为学校副校长，他的女儿居然成为我的学生。这样一来，朱老师更是对我言语客气，口口声声称呼我“沈老师”，我也从来不跟同事说我曾经是他的学生。

直到2003年。

这一年，我决意离开镇中心小学。5月份，我向校长递交了申请调动到市区学校的报告，校长将报告退还给我，不予考虑。当时的我，一心一意要离开小镇。因为没法通过调动去市区里的公办学校，我就向市区一所刚筹建的民办学校投简历，并通过了笔试和面试。但因为是民办学校，我必须向单位提交一份辞职报告，从此离开体制。

而这一年暑假，新的人事任命出来：朱老师成为学校的校长。

因为是在暑假，我只好给朱老师打电话，询问他何时在学校，我要找他签字盖章。当时朱老师在外地参加培训，培训间隙，他抽空一次次打电话给我，苦口婆心劝我：“不要辞职，不要去民办学校。”我不为所动，一次次坚定地表态：“我一定要辞职，我要去市区。”

在报名截止时间的最后一天下午两点多，朱老师终于从外地返回学校。我闻讯赶到学校，手握辞职报告，请他签字盖章。朱老师把各种利害关系掰开来揉碎了跟我分析，依然坚持他的建议：“你不要辞职，明年你可以争取通过进城考试去市区学校，没有必要一定要在今年走。”他还说：“因为你是我的学生，我要对你的人生负责。如果你不是我的学生，我劝两遍也就尽到责任了。”

我再也无言以对，看着他。那一刻，我突然很希望自己是他的孩子，可以把自己人生中非常重要的事情交给他来帮我决定。但我说不出任何话，一直僵持到下午四点。这个时候，即便朱老师帮我签好字盖好章，我也来不及赶到市区教育局去办手续了。

最后，朱老师从我手里接过辞职报告，说：“那就这样决定了。”然后，他直接轻轻地把辞职报告撕掉了。

——朱老师，幸好您在，在我最彷徨的瞬间。谢谢您用您的经验与智慧，制止了我当年冒失而冲动的决定。那个时候的确不是我辞职的最佳时机，您的制止让我继续留在公办学校，可以比较安心地一边工作，一边照顾家庭。

七

一年后，2004年暑假，我顺利通过进城考试，以第一名的成绩进入市区的重点小学——石梅小学，开启了自己专业成长的新旅程。那一年，我31岁。

我怀念在小学母校——常熟市徐市中心小学工作的十二年，我更无比珍爱在石梅小学工作的七年。在乡镇学校当教师，我以自己朴素的善良、长年文学阅读的底子，站在情感的角度，一直在努力做一个好教师。而在石梅小学，学校自身的高度以及给教师们提供的各种平台，为我开拓了更广阔的视野，我的专业阅读从这里开始，我的思想维度在这里拓展，我开始站在理性、专业的角度，要求自己做一个好教师。

——朱老师，幸好您在，在我作出不明智决定的时候。谢谢您的坚持，我后来才有机会进入石梅小学工作，并开启我职业生涯中最重要、最美好的七年时光。

八

在市区工作的七年，我每年至少一次去看望朱老师和师母。似乎当我不再与朱老师做同事的时候，我才可以比较自然地在他面前以学生自居。

2011年暑假，我要离开常熟，到苏州工业园区工作。临行前，我到朱老师家去辞别。那一年，我38岁。可是，在朱老师面前，我似乎觉得自己仍是那个11岁的懵懂孩子，而朱老师也像给一个孩子壮胆一样，对我说："你是我教过的最有出息的学生。"

我哪里像"有出息"，更何况是"最有出息"？我只是一个最普通的小学教师，只会看书、写字与教书。当年的同学中有读了大学后当公务员的，有经商成功的，有在学校当校长的……朱老师居然说我是那个"最有出息"的学生。他一定是为了给我鼓劲，才不吝惜用美好的辞藻来给我下定义。

——朱老师，幸好您在，在我开启未知前路的时候。谢谢您给予我这么厚重的褒奖，让我带着温暖的鼓励向前走，不畏不惧，充满信心。

九

2016年，我43岁。我喜爱自己当下的一切状态。

在家里，我从童年时期养成的阅读、记录的习惯保持至今，对音乐的热爱也保持至今。我习惯在音乐中，以读书、码字为乐。如果不是当年朱老师让我爱上阅读与记录，让我爱上音乐，如今我怎么可能享受这样美好的乐趣？

在学校，我在石梅小学抵达的专业高度，让我有足够的底气去从容面对学生、站立课堂。我帮助了一个个学生，上好了一节节家常课……我逐渐收获更多工作本身带给我的职业成就感。如果不是当年朱老师当机立断，阻止了我的辞职，我哪里有机会在石梅小学工作并成长？

我生命中的重要他人有很多，不胜枚举。从他们那里，我得到不少珍贵的教诲与帮助。然而，回首过往四十多年的生命，最关键的人物却非朱老师莫属。我真的很庆幸。

——朱老师，幸好您在，您一直在，在我的童年时光里，在我最纠结的职场选择的时候。即便我并不是您最有出息的学生，我也永远对您心存各种感恩。

谢谢您，朱老师。您如今还留在我学习了六年、工作了十二年的母校——常熟市徐市中心小学。您在这里工作已经超过三十年了吧！我不好意思当面跟您说“您是我人生中最关键的人”，也许有别的学生说过，也许他们也没有说过。但是，我想，其他学生肯定和我有相似的感受。

但愿我有一天能够鼓起勇气，当面向您致谢：“您是我人生中最关键的人。”

沈丽新

» 联合国教科文组织“为中国而教”项目首批培训师。《教师博览》首批签约作者。出版《英语可以这样教》《让学生看见你的爱》及译著《学习原来如此有趣》。在六家省级以上刊物开过九个年度专栏。

千江有水千江月

/王木春

一

2014年秋天，我在福州参加培训，遇见熟人Z老师。Z说："陈节教授病得厉害，你有没有去看过她？"我惊问什么病，Z说："我也不清楚，但听说十分严重。那天去看她，她不肯讲，总说没什么大事。"第二天上午，我赶往福建师大，在出租车上，给陈老师打电话，她说在超市，让我不急。我不由松了一口气。

从喧闹杂乱的福建师大后门步行几分钟，再转个弯，便进入一个小区——花园新村，这是师大教职工宿舍区。几栋四五层高的半旧楼房掩映在墨绿的樟树间，光影碎碎，鸟声啁啾，却阒无一人。我的脑子里闪过文静一词，但文静中弥漫着几许沧桑。我仿佛置身于另一个世界。

这是我第三次来到这里。第一次是在10年前，我和一位编辑朋友晚上拜访潘新和教授，潘教授也是我的大学老师。潘教授说陈老师就住在楼下，我便下去打了个招呼。第二次是在2013年，我到福州培训，顺道而来。见了面，陈老师打趣说："真有趣，你们一家子一个读中文，一个读英文，现在又多一个读哲学，都是文科，却学科不同。"那年高考，女儿杭杭刚考上大学，读的是哲学系。一会儿，陈老师又说：

“女孩子读哲学系，很少见啊！哲学，女生可不好学的。哎，时间过得真快，记得2009年我去东山岛，杭杭还对我说，她将来要当大老板，赚许多钱，给你们夫妻买劳斯莱斯小车，当时她还是初中生吧。现在读了哲学系，恐怕就没这个梦想了吧。”说完她自己大笑起来。

“对了，杭杭为什么不读中文系？女生读中文系不错，像你这样，多好！”陈老师又问。我如实回答：“本来是报中文系的，因分数不够，被调剂了，等大二时再转到中文系。”她点点头。

正想着，人已到三楼，敲门，露出陈老师的笑脸，只是苍白了些。她的爱人史老师也在家。我刚坐定，陈老师就端上一盘切好的梨子，再三要我先吃，说天气热，吃梨子能解暑。

“我真的没事，你没看我好好的吗？”她若无其事道。

听说我女儿已转到中文系了，她说：“好啊，子承父业。不过，她毕业后还想当老板吗？”说完她自顾自地笑起来，同时跟史老师介绍当年我女儿的那番“豪言壮语”。

听说孩子想当大学老师，陈老师收起笑容，沉思几秒，叹一口气，慢慢道：“她真是这样想的吗？你们没诱导她吧？现在，当大学老师，可是很辛苦的！”我不敢正视她，眼睛瞟向房间四周。虽然搬了至少三次家，一个大学教授依然局促在这么逼仄的空间里。不同的是，跟二十多年前比，只是多了个书房（阳台改装的），跟楼上潘新和老师的房间格局一样。

本来我想回答“像您这样当大学老师有什么不好”，但瞬间说不出口。

我向她汇报近年在做民国教育研究，还出版了几本书，她很高兴，起身去书房捧来一摞书。“这是我这些年出版的书，都给你吧，当作纪念。还有另外一些书，你也带不走，就不要了。”她说。我看了书名，是些古典文学选本。迟钝的我，听不出她话中的意味，也就没让她老人家在书上留下字迹。

我见陈老师神色疲惫，劝她少动脑子，多休息。“她还看书呢！”史老师在旁边插话。

“我当然看书啊，不过，这段时间在看福尔摩斯侦探小说。前不久，看到一篇叫《大拇指》的文章，真有意思，里面描写一个杀人犯的房里，竟然摆着好多书，其中还有一本诗歌。你看，连杀人犯也爱读书呢！”她说。

我吃完大半盘梨子，决定要走了。陈老师笑着说：“木春，看看你，这么忙还大老远跑来！干什么！……你放心，我会好好的，会等到你女儿大学毕业的。”此时，我的心咯噔了一下。

见她还靠着门，我说声“请进去”，就头也不回地下了楼。走出一段路了，我停下，回头望望陈老师住的楼房，大半覆盖着樟树枝叶，鸟声依旧，阳光依旧。但我心里有个感觉：也许，这是我最后一次踏进这里了……

二

离开小区，我没有立即打车回宾馆，从后门走入师大，心情沉重地在校园里漫步。这里的人我都不认识，空气熟悉而陌生。我的双眼寻找那些未被拆去的老建筑——旧地理系，旧图书馆，它们还原样地守候在那里。然后，我到几棵老树下，我仿佛看到二十多年前那些春季的雨后，湿漉漉的水泥地上，落满一大圈厚厚的紫色花瓣，而陈老师从旁边走过。我曾在《永远的凤凰花香》的散文中写过当时的感情历程。

我是20世纪80年代末上大学的。大学里，课程繁多，任课老师长则一年、短则半载就走了，走马灯似的。唯独教“唐宋文学”的陈节老师是例外。

陈老师教了我们两年，且只教我们一个小班。印象里，这情形绝无仅有。

许是日久情深，陈老师常在周末晚上，穿越杂闹的学生街，拐入僻静的小后门，走过图书馆前两棵茂密的凤凰树，到学生宿舍拉家常。她带来凤凰花淡淡的清香，大家也常有事没事地上她家串门。在那沉闷而寂寞的时代，这种师生间毫无功利心的串门，如今回想，别有温馨。

大学时，我总以为这便是凤凰树，现在才知道错了，可我已不在乎它是什么树了。

走过老树，右拐弯之后有个斜坡。斜坡的左侧，是从前3号教学楼的位置，今已旧楼换新楼，但楼旁的小树林仍在。课间，我们到林下聊天或玩单双杠。记得在这儿，陈老师拿着我的稿件，让我修改，她要推荐去校报“试试”，那是我读岑参诗歌的肤浅感受，文章当然没有发表，但陈老师的赏识，却给了我巨大的自信。

登上几段曲折的石阶，便到了当年的中文系学生宿舍楼。我站了一会，看了一会，就离开了。过了长安山旁长长的下坡，便是正对着学校大门的文科楼。

大四时，我谈恋爱了。一天，我和女友在文科楼某教室上晚自习，有位同学过来悄悄地对我说：“陈老师在走廊上，要和你谈话。”我走了出来。陈老师问：“你俩是老乡吗？都是‘定向分配’的吗？”我回答是。

“这就好，一起回东山岛。不像早你一两届的学长学姐，双方分配的地方不同，最终大都不得不分手了。”陈老师欣慰地说。当时，大学生的工作由国家“统配”，自找职业，没门。她又问我女友的家庭情况，临走时，嘱咐我：“我看到她了，感觉人蛮好。她是单亲家庭，家境困难，很不容易。你要懂得珍惜，有空带她上我家去玩。”直至毕业，我始终不敢带女友去拜访。

此时，站在文科楼底下，我恍然想到，刚刚一路经过的地方，大概也是当年陈老师来我们宿舍楼，然后回到她那时所住的阳光村的路线吧。

三

2014年很快过去。2015年我又去过两趟福州，都不敢去打扰她老人家。2016年除夕，我照例给陈老师发了短信，她直至第二天上午11点多才回复。

三个月后，也就是高考的前几天，大学班级微信群里惊现一条信息：陈节老师不幸去世，明日举行葬礼。我连夜乘火车赶往福州。留在母校任教的大学同窗黄健说，“陈老师生前不让发讣告，她不想给别人添麻烦。”

“这就是陈老师。她总是替别人考虑得太多，所以自己也受累。”一个同学说。“他们老三届，当年都是年纪大了才有机会上大学，接着要夺回被‘文革’荒废的光阴，拼命读书做学问，加上拖家带口的，有几个能长寿的?”另一个同学这样总结。

“对真正的学者来说，长寿和天赋同样重要。中外许多大学者，往往是大器晚成的。”我想到潘新和教授写过类似的话，但此刻我唯有无语，任由一桩桩往事漫上心头。

1990年代初，回家乡教书的头一两年，面对光怪陆离的现实，我深感茫然又惶恐，便写信向陈老师袒露内心的痛苦、困惑。陈老师很快回信，鼓励我要洁身自好，做一个有追求、有上进心的人。不久，我到福州评卷，遇见陈老师，听她说有心替我在一家出版社谋份工作，后来，她知道我打算考研也就放下了。没想到，我最终还是放弃了考研。二十多年了，念及她当初对我的种种期望，岂止惭愧而已?

再次邂逅陈老师，已是2005年岁末，我在宁德市参加学科带头人培训，她是导师组成员之一。

十年后的陈老师，明显老了，头上有着星星点点的白发，但神色间增添了几分学者特有的平和。在宾馆里，我找到陈老师，我自然地挨着她坐下，像坐在亲人的身旁。她询问我家庭的情况，关心部分大学同学的行踪，特别问起杨姓同学的下落，我如实告知。她沉默良久，感慨道："你们这1988级的学生啊，可谓多灾多难……还好，现在大家基本都稳定下来了。只是看到你们不少人一辈子困守在一个小地方，待遇又差，我心里总放不下。"我安慰她说："没事，习惯了就好，小地方有小地方的乐趣。像我在东山岛，空气好、海鲜多，比大城市都强呢。"她的眉头舒展开来。临别时，陈老师突然用略带责备的口气对我说："木春啊，你为什么剪这么短的头发，一根根往上冲，不好看，有点玩世不恭的味道。我还是喜欢你以前的小分头，多帅气！"

许久没人如此关注我的生活细节了，我心头一热，赶紧应答下来。在陈老师眼里，我还是当年懵懂的大学生。

在宁德市的最后一天，当地大学同窗盛情宴请。陈老师中途悄然离席，我们也没在意。直到上了出租车，她才抱歉地对我说："不好意思，我刚才想去买单，钱却不够。"我很惊讶，说："来这里，我们是客人，哪要您出钱？""我工资高，比你们年轻人都好过。"她道。

我问起陈老师她儿子的情况，她说儿子正念大学呢，"像你们当年一样"。

2009年夏，陈老师和她读研究生的儿子来我的家乡东山岛。小伙子在搞文化人类学研究，来岛上做民俗考察。陈老师拉来一大箱子礼物，有给我妻子的，有给我女儿的，还有一大摞给我的书。记得有一本是钱理群的《语文教育门外谈》。她说："这些书是和儿子专门去福州大书店挑的，不知是否适合你。反正以后你需要什么书，就来电话，大城市买书方便。"其时，我已在网上购书了，但还是乖乖地答应。

那天，我们一同前往海上孤岛游览著名的东门寺。在小岛的一角，我们等待返航的轮船。陈老师站在海边的岩石上，远眺茫茫大海，许久，自言自语般念着寺门口的一副楹联：“千江有水千江月，万里无云万里天。”回头对我们说：“明后年退休了，要是能到岛上来养老就好了。”那时，听着陈老师的感叹，我无法领悟，而那些话就像一阵海风轻轻吹过。而今，我似乎懂了。

几年前，有人问我，教育的“启蒙师”是谁，我回答不出。现在，我有答案了：是陈节老师，她让我拥有一颗仁慈之心。

王木春

» 中学语文特级教师，福建省中小学教学名师。现任教于福建省东山一中。著有《身为教师——一个特级教师的反思》《先生当年——教育的陈年旧事》，主编《过去的课堂》《为幸福的人生——民国名家对话中小学生》《民国名家谈作文之道》等。

先生之风，山高水长

／杨斌

一

屈指数来，我“认识”李泽厚先生已近30年了。岁月荏苒，许多往事都已如烟散去，可是关于先生的点点滴滴，却仿佛雕刻一般，深深地烙在了我的心底且永远不会褪色；又如同种子一样发芽生长，蓬蓬勃勃地成为我生命的一部分。

我第一次听到李泽厚的名字，是在徐州师院印锡华先生的美学课上。那是1982年，我在读本科函授。印先生的美学课上得实在是别具一格：一个淡绿色茶杯，在手里转来转去，口若悬河而条理清晰，听来有行云流水的感觉，黑板上几乎没有一个字。讲到美学的本质时，李泽厚的名字就一次又一次地从印先生行云流水的话语中浮现出来。于是，如同记住了那个漂亮的淡绿色茶杯一样，我记住了李泽厚的名字，也记住了他那个著名的“积淀说”。紧接着，美学课的第一次单元考试，印先生给了我一个很高的分数，都接近满分了。这对我的鼓励不小。

1985年，本科毕业的我进入灌南县中学工作。在这里，我第一次读到了李先生的著作，那本由三联书店出版的《走我自己的路》，至今我还记得那赏心悦目淡雅而不失凝重的封面。一打开，我便被作者那深刻的思想和睿智的文笔吸引住了。

这是李泽厚的一本杂感集，有序跋、散文、杂文、治学谈、答记者问各类文章百余篇。作者自谦说，“不伦不类，不知是什么味道”，而在我读来，却是在品尝一道道色香味俱全的美味佳肴。对我启迪最大的是作者的“治学经验谈”。李先生在多次讲演和文章中反复强调“读书要博、广、多，写文章要专、细、深”，要“以小见大”“由小而大”“题目越小越好”，可以“有一个大计划，但先搞一个点或者从一个点开始比较好”。在谈到研究题目的选择时，李先生强调：“应该在自己的广泛阅读中，发现问题，找到前人没有解决的问题或空白点，自己又有某些知识和看法”；要兼顾主客观条件，选择“在主观上适合自己的基础、能力、气质、志趣的方向、方法和课题，而不是盲目地随大流或与各种主客观条件‘对着干’。”这些话也许不算什么特别新颖的见解，但由李先生这样的知名学者结合自己的学术经历说出，使我有如久旱逢甘霖。当时，我正处于如何选择的困惑之中。一方面，我随自己的兴趣爱好翻了不少书，对教育教学问题有一些朦朦胧胧、似是而非的想法；另一方面，却苦于找不到“突破口”，不知从何处入手。李先生的话给我以极大的启发。作为一名中学教师，客观条件的限制使理论素养必然薄弱，只能“蜻蜓点水”，但我也有我的优势，那就是在教育教学实践方面积累了不少经验体会，我何不扬己之长避己之短呢?于是，从审美视角去透视教育教学问题便成了我的选择。我选了语文教学领域的一个个很小的点：教学情境、教学情绪、教学风格、教师素质、教学创造……结合自己的教学实践，从审美的角度进行探讨，很快，我的第一篇论文《教师美散论》在《教育研究》上发表，这给了我极大的鼓舞。从此，一发而不可收，语文美育、教育之美成了我多年来一以贯之的研究课题，并且取得了一些为人们所肯定的所谓成果。

《走我自己的路》令我难忘的第二个原因，便是作者那睿智思想、优美文笔和平易态度的统一。作为当代著名学者，作者在随笔中表达了对理论和现实中许多问题的思考，这种思考迸发出的思想火花往往十分耀眼；而这种深邃思想的表达，却又没有半点装腔作势、故弄玄虚。当然，这是因为作者学术功力深厚，举重若轻；也与本书的随笔类文体有关；但同时，还有重要的一个原因，那就是文如其人，从文风中也可读出作者诚实的学术品格。读着那一篇篇或长或短、挥洒自如的文字，犹如和一位长于思辨的智者聊天，如坐春风!不经意间，时时感受到思想的愉快和幸福。多年以后，我读到了著名学者兼散文家刘再复的《李泽厚美学概论》，方知刘再复对李泽厚的文风也是给予极高评价。刘再复认为李泽厚的文章是“学问”“思想”“文采”三者统一的范例：“人文科学似乎无需文采，但是他的《美的历程》《华夏美学》的历史论述，却那么富有诗意，客观历史与主观感受乃至人生慨叹那么相融相契，这不能不说是一种人文异象。”其实，岂止是这两本谈美学的书，李泽厚所有著作都具备了学问、思想和文采的统一，即便只是一两百字的小序，也总是写得情理交融、饱满丰润。在经历“文革”年代口号满天飞、满纸假大空的文字浩劫之后，乍一读到李泽厚哲理与诗情交融、朴实与蕴藉同在的文字，真有清风扑面、沁人心脾之感。这种文风深深地影响了我，似乎使我悟出不少教学以及教学以外的东西。

我常想，假如没有《走我自己的路》，或者和它失之交臂，那么我的教研之路不知会增加多少曲折和坎坷。李泽厚先生的哲学观承认“必然规律”的同时，特别强调“偶然”的意义。这，是不是也是我生命旅途上一个小小的偶然呢?

二

从《走我自己的路》开始，我喜欢上了写这本书的人，喜欢他的思想，也喜欢他的文笔。我开始买他的书，碰到就买，买到就读，但县城书店根本见不到他的影子。于是，我爱上了出差，每次到大城市出差，总要到新华书店转转。那时候的李泽厚大红大紫，他的学术著作也成了畅销书，我偶尔的一两次出差很难碰上。我手里的李泽厚的著作大多是从外地邮购，或是外地的朋友买来送我的。著名的《中国思想史三论》中，“古代卷”是我从上海邮购的，“现代卷”是当时在复旦大学进修的老同学寄赠的，“近代卷”是在北京大学读书的学生送我的教师节礼物。中国电影出版社出的那本《己卯五说》也是由表弟从京城寄给我的。1990年代初，安徽文艺出版社出版了《李泽厚十年集》，一套六本，是我从合肥邮购的，李泽厚最重要的著述都囊括其中了。把沉甸甸的一套书放进书橱，我着实高兴了好一阵子，顿时有了一种高朋满座、蓬荜生辉的感觉！

多年来，李泽厚和我相随相伴。不管是在他大红大紫洛阳纸贵之时，还是在他云游欧美漂泊他乡之日，也不管我读懂还是没读懂，总是置之案头，随兴浏览。从才华横溢好评如潮的《美的历程》，到纵横捭阖振聋发聩的《中国思想史三论》，从溯儒家文化之源寻民族心理之根的《论语今读》，到放眼未来前瞻时代学术路径的《世纪新梦》，从严谨推理精心论证且为作者本人极为看重的《己卯五说》，到亦庄亦谐谈笑风生无所顾忌俨然一老顽童在忆古怀旧的《浮生论学》……有的书我极用心地读了，而且不止一遍；有的书我看了，无始无终，不知何时开始，何时结束。

就在这样散漫而不带任何功利之心的阅读中，我和李泽厚成了从无联系更未谋面但却似乎可以随时“晤谈”的朋友。套用一句时髦的话语，可以说我“一步一步走近”这位大师了。我不敢说我读懂了多少他的思想，但我可以说认识、理解了这个人，包括他的性格、气质。尽管从没有见过他，但我曾多次想象过这个人。印象中的李泽厚，应该是一个自尊、敏感、孤傲、散淡的人；他的话应该不是很多，但一说就是切中要害，而且咄咄逼人；应该是很有些生活情趣，甘于寂寞，我行我素，不大顾忌外人对他的议论评价，对不利于他的评价他可能会付之一笑，懒得理会。我觉得，真正的知识分子就该保持这么一种气度，这种气度我把它称为“高贵”。时代不同了，知识分子的“大众化”是历史的进步，但至少还应该有一部分人保持这种“高贵”。如果知识分子不能保持着自己的独立思考，只会人云亦云、趋炎附势，或者为一点一己之私而拉圈结党、蝇营狗苟，那么，我们的民族，我们的社会还不能说真正走进了现代！曾有人把学者分为两类：一类是学问大于生命，一类是生命大于学问。学问大于生命的人近乎苦行僧，生命成了学问的奴隶；生命大于学问的人不然，学问滋养了生命，润泽了人生。李泽厚就是那种充溢着浓郁磅礴的生命意识的大学者。

最令我感佩不已的，是李泽厚说过并且一直在实践着的学术品格：50年前可以写的书不写，50年后可以写的书不写。是的，李泽厚的研究一直在关注中国现实，而且不断地引领现实的脚步。李泽厚多次谈到他的“吃饭哲学”，其实就是讲大力发展生产力，这个观点是他在“文革”后期研究康德哲学写《批判哲学的批判》时提出的。而在当时，这样说其“犯忌”和“荒谬”是显而易见的。但是，哲学家遵循的是生活的逻辑和真理的召唤，而不大理会世俗的利害。几年以后，发展经济让人民群众过上富裕生活成为中国社会发展的主题。在20世纪80年代，时代呼唤着寻找着它的代言人。乘着思想解放的东风，李泽厚如鱼得水、风云际会，在知识界的影响可以说是独占鳌头、无人能比。他关于美学的许多论断暂且不说，因为他的名字早就和朱光潜这些前辈大师的名字并列在了一起；作为哲学家和思想家，他关于思想解放，关于先进生产力，关于吃饭哲学，关于儒家文化的价值，关于民主、启蒙、现代化等诸多问题的论述，因其哲学的高度而高屋建瓴，因其思想的深邃而烛微洞幽，同时，也因其文字的清新而魅力四射。别的且不去说，单单由李泽厚创造并且为学术界认可的学术概念就有近二十个之多，诸如已经广为人知的“积淀”“文化心理结构”“人的自然化”“西体中用”“实用理性”“乐感文化”“儒道互补”“儒法互用”“历史主义与伦理主义的二律背反”“情本体”等。李泽厚一直把思考的基点放在现实问题上，一直密切关注着中国现代化的进程和走向。和同时代许多学者不同的是，李泽厚一方面不断地介绍引进西方理论，一方面却努力地把他的研究植根于中国的土壤。李泽厚的哲学，是典型的中国式的哲学。应该说，这是李泽厚主动而自觉的学术追求。

20世纪90年代以后，李泽厚蛰居国外，但每年都会回国一次，冷静观察并深刻思考我们这个飞速变迁的时代。而正在急剧变革的社会，在好多方面好像正按着李泽厚所预见的路线前行。举个例子吧，20世纪90年代初，举国上下都在讨论市场经济是否需要、是否适合中国国情时，李泽厚就提出大力发展市场经济之后可能出现的社会问题：承认这是必需的一个过程，同时，又提醒人们，经济发展之后，还有一系列的问题要接着研究解决，比如，对人的尊重，对人的情感的尊重，不能只见经济不见人。在《世纪新梦》一书中，李泽厚颇具深情地说道：“伦理主义营建心理本体，以展现绝对价值，而这个本体又正是风霜岁月的人类整个历史的积淀；那么，伦理主义与历史主义的二律背反将来是否可能在这里获得某种和解？历史感情进入心理了，是否能使人在创造历史时让那二律背反的悲剧性减少到最低度，从而使人在历史上不再是数字，而可以是各自具有意义的独特存在呢？”而且，还有具体的建设设想：“在走向现代化所必须进行的创造性转换中，中国‘乐感文化’的深层情理结构，当然不仅存留在文艺领域，而且也存留在其他各种领域中。因此，在严格区分情、理，以理性的法律为准绳（即以现代法治替代传统人治）的转换中，如何重视人间和睦、人际关怀，重调解、重协商而不一切均诉诸冷冰冰的是非裁定或理性法庭，便仍然是值得仔细探讨的。”李泽厚此时的思想触角，事实上已经在关注现代化进程中人们的精神家园建设。当时，市场经济大潮微澜初现，谁会关心这些？很快，十多年后，当我们的经济建设如火如荼但同时也暴露出许多见“物”不见人的问题时，我们开始讨论“以人为本”，开始建设和谐社会。我想，这也许就是哲学的魅力，哲学总是走在时代的前面。当然，如果李泽厚始终立足在中国大地上，我们可能会读到更多更为深刻也更为精彩的文字。不过，作为以认识人类情感、思考人类命运为己任的哲学家思想家，也许，超脱一些，会更冷静更客观更理性地看待这个纷纭复杂的世界，他们卓越的思维之果会更具哲理的光辉。

李泽厚说过，从年轻时一直到现在，他从没有为钱写过书。从李泽厚身上，我看到了中国知识分子作为社会良心的那份诚挚品格，看到了儒家思想里那种“兼济天下”的入世精神和志士仁人“铁肩担道义”的家国情怀。

三

记不清是哪一位学者说过，“读书，也是读自己，不同的环境不同的心境，读同一本书会有完全不同的心得”。心得心得，关键是得之于心。确实如此，我在20世纪80年代和20世纪90年代读李泽厚的作品，感受就有很大不同。尤其是那两本“近代”和“现代”思想史论，20世纪80年代读的时候印象不是很深，到了20世纪90年代则有了全新的体会。特别是20世纪90年代初的几年，我反反复复地阅读，每次都会有新的启迪或者感慨。这与当时的氛围有关，也和我当时的心境十分契合。

虽然我只是在家乡灌南做一名普通的语文教师，但却做得有滋有味。20世纪80年代，那是一个风云激荡的思想解放年代，生活中几乎每天都有令人激动的新鲜东西涌现。因此，我的语文课堂从不枯燥，班主任也当得津津有味。什么“黄河第一漂”的是与非，什么《红高粱》的得与失，什么“我的六国新论”，还有《文汇报》上连续多篇的义利之辩……都鲜活地呈现于我的语文课堂或主题班会上。用沸腾、激动之类的字眼形容那些日子毫不为过，而且，当时改革声势浩大，好像马上就要进入一个全新的社会境界。

然而，后来的环境一下子冷了下来。当时，社会上有一股强烈的保守、僵化思潮，经济停滞，文化萧条，教育上口号连天，上语文课也不得不提心吊胆，生怕说错了什么或者做错了什么。校园里的氛围也一下子沉静下来。人们不知道要干什么，也不知道该怎么干，更不知道明天会是怎样的生活。当时《新华文摘》刊登了一幅油画，准确地抓住了弥漫于社会角角落落的浓厚情绪，油画题目叫《说不清明天的风》。大草原上，苍茫的天穹下，一匹长途跋涉风尘仆仆的马。牵马人胳膊搭着上衣，遥望远方。大风扬起牵马人蓬松的长发。悠远、苍凉、迷茫中有执着，彷徨中有坚毅。真的是说不清明天的风！

就在那些日子里，我开始了深入阅读李泽厚的作品的历程，或者说，是李泽厚深入走进我精神世界的历程。读他的哲学，读他的思想史论，李先生对洪秀全、孙中山、章太炎、梁启超、王国维、鲁迅、胡适等近现代史上威名赫赫的人物鞭辟入里的剖析，让我似乎一下子对许多纷纭复杂的社会现象明白起来，也学到了一些分析社会看待历史的视角和方法，这种感觉还是在多年前（“文革”后期）阅读鲁迅的文章时曾经有过的。尤其是《中国近代思想史论》那篇洋洋万余言的后记，更是高屋建瓴、纵横捭阖，哲学的理性和思想的智慧交相辉映，让人仿佛穿过历史的漫长隧道，油然生出即将迎来曙光的愉悦和欢欣！近代史论后记中哲理警句俯拾即是。

黑格尔和马克思都说过，巨大的历史事变和人物，经常两度出现。令后人惊叹不已的是，历史竟可以有如此之多的相似处。

历史的必然总是通过事件和人物的偶然出现的。……偶然不仅是必然的表现形式，而且还是它的“补充”，也就是说，并非每一偶然都一定是必然的体现。

农业小生产基础和立于其上的种种观念体系、上层建筑终将消逝，四个现代化必将实现。人民民主的旗帜要在千年封建古国的上空中真正飘扬。

哲人就是哲人！这篇写于1978年秋天的后记，对中国现代化发展趋势的预言是何等的准确明晰，语气又是何等的坚定从容，尤其是，从太平天国、辛亥革命等近现代史一系列历史事件中总结出的历史规律，又是何等的清澈澄明！我对李泽厚著作的阅读，以前好像更偏重美学和学术札记，特别喜欢他的文字风格，那两本《美的历程》和《走我自己的路》，真是什么时候拿起都舍不得放下，总能沉浸其中流连忘返，却并没有特别看重他的思想史论。等到1990年代初的这段特殊时期，李泽厚思想史论的分量在我心里一下子重了起来，几乎成为我疗救精神的一副良药。如果说，那幅油画《说不清明天的风》带给我的是艺术的感动和美的陶醉，那么李泽厚给予我的则是思想的激荡和思维的愉快。一是感性，一是理性，却同样无可救药地让我迷恋不已。它们共同的一点是：都让人从迷惘和彷徨中走出，坚定了向前的信心和勇气，而不大去管眼前或明天是什么样的“风”！

两年多以后，邓小平同志用他那只夹着熊猫烟卷的手，在中国的南海边画了几个圈，顿时扭转了那艘偏离了航向的时代巨轮。记得1992年春天的一个星期天的下午，我百无聊赖地躺在床上看书，一位已经弃教从政几年未见的朋友翩然来访。他不为别的，就是为了专门和我分享邓小平同志南巡讲话的内容。当时，讲话内容还没有公开传达，朋友知我，特意来向我报告这一早春消息。两个人畅谈了半晌，皆有欢欣鼓舞之色。然后，就是新一轮经济改革启动，社会上涌起“下海”狂潮，淘金大军纷纷南下。而我们呢，涛声依旧，又重新踏踏实实心安理得地教我们的语文。呵呵！真的也算是身无分文、心忧天下吧！也就是从

1992年开始，我在教学发展的道路上收获不断，业务上接连获奖，市里的，省里的，直到被评为特级教师和荣获政府津贴等。也正是因为那些年的业务积累，等到新世纪的钟声敲响的时候，一轮新的人才流动潮涌起，我随波逐流，漂泊到百年名校苏州一中，开启了一段全新的教育生活。

回顾1990年代初期那段心情黯淡的日子，我由衷地感谢李泽厚先生！如我这般非常普通平凡阅历甚浅的年轻人，在生活的激流里，一不小心就会消极迟暮乃至沉沦下去，尤其是在历史急剧转弯的时候。我很庆幸，我没有浪掷那一段光阴，也没有在“说不清明天的风”的时候，浑浑噩噩地失去生活的动力和方向！

四

当历史的车轮行至世纪交接的时候，中国一下子快速运转起来。其速度，其旋律，其节奏，令人头晕目旋！经济快速发展了，人们忙碌着，奋斗着，幸福着；也困惑着，茫然着，失落着。中国的现代社会虽然姗姗来迟，但毕竟如“青山遮不住”的一江春水，汹汹涌涌、蓬蓬勃勃地来到了。这毕竟是可喜的事，然而，社会转型的阵痛也接踵而至。

正是在这社会深刻转型、观念急剧碰撞的非常时期，李泽厚思想和哲学的巨大价值更加鲜明地凸显出来。哲学的使命是唤醒，思想的价值在启迪，李泽厚的很多论断为我们观察社会现象、判断现实问题提供了极大帮助。如一首流行歌曲所唱：“雾里看花/水中望月/你能分辨这变幻莫测的世界/涛走云飞/花开花谢/你能把握这摇曳多姿的季节……”不同于20世纪80年代能在每一所文科大学的学生宿舍找到李泽厚的著作那样，此时李泽厚的作品却是在民间流行。也许，只有在民间流行的思想才是真正有力量的思想，真正有力量的思想是不会寂寞的！

这一时期，李泽厚关于教育的一些论述引起了我的关注。在李泽厚庞大的学术体系里，教育并没占多少地位，然而，哲学家的人文情怀还是使他在演讲、写作、谈话的边边角角之处，涉及教育问题，而且把教育提到了从未有过的高度。21世纪之交，李泽厚出版了新著《世纪新梦》，其中集中阐述了他曾在其哲学著作中反复表达过的观点："语言学是20世纪哲学的中心，教育学——研究人的全面生长和发展、形成和塑造的科学，可能成为未来社会的最主要的中心学科。"李泽厚认为，社会的现代化程度越高，人们的心理建设任务越重。大工业生产，高科技生产，高速度，快节奏，激烈竞争，必然带来人的心理焦虑和人际关系紧张，人成了科学技术和机器的"奴隶"，人也异化了自我。所谓"现代化焦虑"说的就是这层意思。李泽厚认为，在现代科技高度发展的社会，文化心理问题却愈来愈迫切而突出，不是经济上的贫困，而是精神上的贫乏、寂寞、孤独和无聊，将日益成为未来世界的严重课题。因此，李泽厚对教育有他自己的见解，教育不能狭义地理解为职业或技能方面的训练和获得，如在今天世界各地特别是在资本主义社会里那样。教育的主要目的是培养人如何在他们的日常生活、相互对待和社会交往活动中发展一种积极健康的心理。无疑，李泽厚说的教育是真正着眼于发展提升人的全面素养、让人站立成真正的人的素质教育。李泽厚思想让我对自己置身其中的教育环境产生深刻的反思和怀疑，常常自忖：我们有没有在冠冕堂皇的教育旗号下干有悖教育规律的事？

我思考的结果是出版了两本书：《语文美育述论》和《什么是真正的教育——50位大师论教育》。前者集中表达了我的语文教学理念和实践路径，简而言之，就是让学生在语文学习过程中，潜移默化地感受语文之美。由语文学科推及教育，在后一本书中，我借大师之"酒杯"浇自己心头之"块垒"，用大师们的言说表达自己对教育的一些理解和思考。我认为教育应该返璞归真，应该朴素而美好，应该走向最合规律、最为和谐、最有利于人成长和发展的教育之美。这本《什么是真正的教育——50位大师论教育》，读者反响不错，忝列《中国教育报》评选的“2010年影响教师的100本图书”。我知道，即使这点微不足道的成绩，也与李泽厚先生长期对我的濡养惠泽分不开。

从李泽厚那里得益更多的，其实还是思想方法的启迪。譬如，如何看待教育现实中有悖于教育规律的种种乱象？是愤世嫉俗怒发冲冠动辄拍案或者拂袖了之漠然置之，还是直面现实理性面对着眼建设知其不可为而为之？我从李泽厚历史主义和伦理主义的二律背反思想中得到诸多教益。李泽厚认为，历史本就是在悲剧性矛盾中行进的，前行中总是要付出巨大代价。历史主义讲“发展”，伦理主义讲“善”，两者一定是矛盾的。如何看待这种历史行程中的矛盾甚至悲剧，往往决定或影响着一个人的价值观和处世态度。置身于教育圈中，端着教师的饭碗，耳闻目睹教育生活中“伪教育”“反教育”现象可谓多矣。但是，冷静地想一想，其中很多却是历史行程中的必然。现阶段，大多数家长还指望孩子通过高考竞争跳出“农门”，不少孩子也正是在激烈的升学竞争中找到社会阶层的上升通道从而改变命运，一味地对违背素质教育的现象作“愤青式”谴责，其实并不够全面和公正，也无济于事。教育改革和社会改革甚至是政治体制改革息息相关。在体制性障碍被扫除之前，这种现象无法根本改变。但是，即便如此，在现实的既定框架内，我们每一个人其实都有自己的努力空间。你是校长，可以不搞分数指标考核，至少不以此作为唯一依据奖惩教师；你是班主任，可以不在名次上大做文章，至少不要歧视文化课成绩不好的学生；你是任课教师，可以在改进课堂教学上多动脑筋，至少不要为了挤占时间对作业任意加码，或者你可以通过对教育教学规律的领悟，发现和创造属于你自己的职业幸福，当然也包括学生的幸福。总之，比批判更重要的是建设！这不是妥协，其实是个人直面历史正视现实的一种清醒和理性。莫斯科不相信眼泪，教育也不相信。与其被动无奈，莫如主动争取勉力而为。

再如，在教育改革进程中，如何看待西方教育思想和中国传统教育智慧的关系，李泽厚的文化观也对我们启发良多。如何看待传统文化，李泽厚一直是既不保守又不激进。一方面，李泽厚主张大力引进西方先进观念，但同时他又主张继承汲取中华传统文化精华。他既不主张激进地否定传统全盘西化，又不赞成不分青红皂白地照搬所谓“国学”精粹，用李先生自己的话说叫“转换性创造”。可以说，李泽厚后半生孜孜矻矻就是致力于这种思想文化的“转换型创造”。教育也是一种文化。用李泽厚的思想观照我们近些年一波接一波的教育喧腾，很多现象就可以看得比较清楚。即以语文教育为例，我们的母语教育形成的优秀传统，尤其是叶圣陶、朱自清、夏丏尊等那一代语文巨匠的教育经验，我们真的能说扔就扔弃之若敝屣？真的能轻率地全盘否定或者动辄“走出窠臼”？那种过分的激进，是不是可以说是思想方法的片面偏狭或者不够成熟呢？因此，在各种时髦口号漫天飞舞、新式概念如火如荼之时，我相继提出“重视语文教学的‘语文味’问题”“语文的人文性和工具性血脉相连”“文体使语文成为语文”“比理念更重要的是发现和传达学科的魅力”等一系列观点。纵然我人微言轻，但毕竟也发出过经过理性思考的属于自己的声音。我还和我的教育同人们一起，在力所能及的范围内开展学习实践著名教育家叶圣陶教育思想活动。我们共同认为，西方有西方的教育哲学，东方有东方的教育智慧。随着东西方文化的交流，东西方的文化包括教育都在不断吸取对方的优点，但绝不应该是全盘照抄；我们要在学习借鉴一切先进教育思想的基础上，努力完成传统教育的现代化转型。坦白地说，李泽厚关于现代化进程中传统文化“转换性创造”的思想，给了我们颇多的教益、启发和帮助。

这样的例子其实还可以举出很多。哲学就是科学加诗。读李泽厚的书，你会时常领略到洞悉事物本质的科学之美和慧眼透视红尘的人生诗意！

五

人生确是一件非常奇妙的事，许多事你想都不敢想，可是，“偶然”的机遇竟然会使乍看遥不可及的事情成为现实。譬如我读李先生的书，本就是一个人静悄悄地只凭兴趣阅读，自己喜欢就行了，从没有想过写些什么，也没有和朋友们交流过，更没想过要和李先生建立什么联系。李泽厚，我和他离得太远了！

一次，大约是2003年，我在书店买了本《原道》杂志。杂志上有编辑部的联系电话，而杂志的主编是中国社会科学院研究员陈明先生。我忽然想起，陈明曾和李泽厚先生作过长篇对谈，出版了影响甚广的《浮生论学——李泽厚陈明2001年对谈录》。他们两人熟悉亲密的程度，只要是读过那本对谈录的人，想必都会有很深的印象。一时心血来潮，我可不可以通过陈明对李泽厚有更多的了解呢？怀着颇为忐忑的心情，我拨通了编辑部的电话，很巧，接电话的正是陈明先生。陈明很忙，听我简单阐述了想法后说：“这样吧，我把李先生的电话留给你。你直接和他联系吧。”陈明把李先生北京和美国的联系电话都给了我。

也许是时过境迁，也许是工作忙碌，我把和李泽厚联系的事给忘了，或者说我压根就不敢和李泽厚联系，总之，李先生的电话我从没有打过。后来，过了很久，我已记不清是什么原因、什么背景或者是什么机缘，总之，有一天，我莫名其妙地拨通了李先生美国的电话。“喂，请问你是哪位？”这是我第一次打越洋电话，大洋那边传来的声音如此清晰令我惊讶，更令我吃惊的是老先生的声音竟是那样响亮。于是，鬼使神差一般，我说的第一句话竟然是：“李先生，您好！真没有想到您的声音是这样年轻！”已是年近八十的人了，声音中竟然听不出什么苍老的感觉。可能是我这开场白让老先生高兴了一回，他爽朗地笑了起来并说：“是吗？你感觉很年轻吗？”李先生这一笑，让我原本紧张的心情一下子放松开来。于是，我们在电话里像朋友一般聊了起来。我倾诉了多年读先生书的感受和先生著作对我的帮助，也表达了想进一步走近先生譬如经常打电话聆听教诲的愿望。李先生爽快地答应了我的要求，告诉我随时可以打电话过去，当然也没忘记告诉我注意时差，并且要了我的电话，最后，李先生说，“以后你拨通电话之后，我可以打给你，这样比较便宜。”这可真让我受宠若惊！接下来的事情就不用细说了。从那以后，每隔段时间我都会打电话过去和李先生聊聊，有时是请教书里的问题，有时是探询先生的身世，有时干脆就是不着边际的聊天，再以后，我们有了若干次的见面，有了几番面对面的亲切交谈……

庚寅年晚秋时节，天高气爽，温润如春，李先生来江南小住。在太湖之滨一处翠竹环抱幽雅宜人的乡间别墅，我们和着鸟鸣对着青山有过多次海阔天空的晤谈。那天傍晚，我们几人坐在窗外闲聊。我又一次说起过去曾经说过多次的阅读李先生《走我自己的路》的感受，说起李先生思想对我的启发和帮助，只见李先生久久未语，半晌，他好像是自言自语地喃喃道：“没想到我的那本小书有那么大的影响。”那一刻，我分明看到，短短一瞬间，李先生眼里有晶莹的东西闪过，很快，他又恢复了平时特有的精警和敏锐。我们都默然无语，沉浸在一种幸福而美好的氛围中。远处，山峰逶迤，晚霞如火，一轮夕阳在山影映衬下，分外娇艳，缓缓而无限眷恋地在两山对峙的空隙之间踟蹰……

李泽厚是一位学术巨人，而且20世纪80年代之后，李泽厚的思想又跃上了新的高度。然而，对这样一座巍峨的学术山峰，直到今天，人们似乎还远没有充分认识到他重大而深远的价值！就在本文写作过程中，我读到了有关李先生学术影响的最新消息：李泽厚入选国际上批评理论、文学理论权威性著作《诺顿理论和批评选集》。该书2001年出版后好评如潮，成为全世界各地大学最流行、最重要的批评理论教材之一。2010年此书出第二版，此版收入148位著者的185篇作品，始于古希腊的高尔吉亚、柏拉图、亚里士多德，号称“最全面深广”“最丰富多彩”的选本，将成为理论和批评的“黄金标准”。该书编者在“前言”的开头第二段即自豪地宣称，“第二版的最重要新特色之一是选入四位非西方的学者的著作，其中包括中国的李泽厚……”在著者评介中，编者一开始即惊叹，“李泽厚是当代中国学术界的一个奇观！……他所发展的精致复杂、范围宽广的美学理论持续地值得注意，特别是其中关于‘原始积淀’的独创性论述。”该书编者认为，李泽厚在融合东西方众多思想传统的基础上构建起他的哲学和美学体系，而其著作的最深根基则是康德、马克思及传统中国思想（贾晋华：《走进世界的李泽厚》，《读书》2010年第11期）。如果说，1988年当选巴黎国际哲学院院士，标志着李泽厚的哲学成就获得国际认可，那么，这次入选《诺顿理论和批评选集》，则意味着李泽厚已经跻身于世界古今第一流文艺理论家和美学家之列。由此推想，李泽厚学术研究三大领域中与哲学、美学鼎足而立的思想史论，其卓越建树赢得举世公认享誉全球的日子还会远吗？

云山苍苍，江水泱泱。先生之风，山高水长！

杨　斌

» 中学语文特级教师，正高级教师，享受国务院政府特殊津贴，任教于苏州一中。出版著作《发现语文之美》《教育美学十讲》《教师职业幸福的秘密》《李泽厚论教育 人生 美——献给中小学教师》《李泽厚话语》《李泽厚学术年谱》等。

那些人，那些事

/ 汲安庆

从教21年，我基本上没有什么物质积蓄，倒是浪得了不少雅号：“才子”“大文人”“纯净水”“拼命三郎”“学者型教师”……其中，最让我感动和自豪，且一直美滋滋地偷偷强化的是“纯净水”之名。

纯净不纯净我不敢说，但是我确实存在一个悉心呵护、独立自主的精神空间，那里面有我的白日梦，和笔下世界融为一体的沉醉，倾听各类智者深情言说的痴迷，还有与“以道义相交”的朋友的争论、探讨、倾诉、勉励而不断丰盈的快乐，从来不曾觉得生活单调、乏味。

我这种脾性的养成，多亏了三位老师。

一

严格地讲，这位老人不是教师，而是赋闲的画家。他阴差阳错地为我们上了一节音乐课——他那既教语文又教音乐的儿子病倒了，他临时当了一回替补队员。

那时的音乐课，实在应该叫唱歌课。一成不变的格局是：老师挑出课本中他会唱的歌曲，一句一句地教唱，然后是整首歌连唱，至于学生唱的是生还是熟，开心不开心，都不重要。甚至学生练唱也罢，看书也罢，做作业也罢，只要不捣乱，都可以。但是老人的到来，让陈旧、俗套的唱歌课焕发出了别样的光彩！

那天，他教我们唱黄梅戏《天仙配》中“天宫岁月太凄清”那一段。

天宫岁月太凄清，
朝朝暮暮数行云。
大姐常说人间好，
男耕女织度光阴。
……

老人说：“枯燥而孤独的天庭岁月，七仙女是不满意的。但受天规所限，她没有办法，每天只能靠数天上的云彩打发寂寞的时光。可是一想到大姐曾经提过的男耕女织的‘人间’，她的心情立刻由阴转晴。”

怎么表现这种忧乐心情的转化呢？老人随即做了示范。

刚才还像爷爷一样和蔼的他，转瞬间便在眉宇、手势、行动中将我们心目中那位由凄然走向欣悦的七仙女形象纤毫不漏地展示了出来！没有掌声，生怕任何一点响动都会损毁眼前的神奇；没有言语，生怕任何一丝气息都会冲淡心中的欣悦！

我天生不是唱歌的料儿，很多流行歌曲都唱不全，唯独这段曲词现在还能一气呵成地唱到底。我天生记性差，很多事情隔天便会忘得一干二净，唯独这个场景，三十年过去，依然历历在目。那一节课后，我经常感到灵魂中有一种莫名的力量拽着我进入想象的天空，并且由昔日一个劲地关注“小人书”的情节，开始学着揣摩人物的内心世界了。

那节充满磁力的课诞生于1979年，我读小学四年级，那位极具魔力的老人叫贝超。和大队里其他两位插队落户的知青相比（一位已经疯掉，一位已经被彻底农民化），贝超老师似乎具有一种享受生活的超能力，生活也许给过他很多的心酸、屈辱、不公和仇恨，但是那些都被他酿成了醇厚的诗意和温暖的人间情怀。

他传递给我们的永远都是生命的早春气息！

二

1985年我考入师范，有幸遇到了另一位魔力型人物——朱德慈。

朱德慈是教我们文选课的老师，他先前教体育班。体育班的学生一谈到学习就不乐意，老师给他们上课在某种程度上得装聋作哑。但有一人例外，那就是朱德慈。体育班的学生对他的评价是“这主儿很厉害”。

起先我们以为朱老师是一位五大三粗的教师，没想到他竟是一位特别清瘦的先生，颇像朱自清，也戴着圆圆大大的金丝边眼镜，只是身材要高一些。

记得一次讲到儿歌创作，每谈一种创作理念，他总不忘引出好几个例子。有的温柔乖巧，有的稚气可爱，有的淘气十足，有的想落天外。其中还有一首写到小家伙尿床的，说自己“画了一朵大荷花”，可把大家乐坏了！我小时候也有尿床的经历，好像到五年级时还会犯这毛病，为此一直很自卑。没想到听完朱老师的朗读，我多年来积压于心的自卑感一下子转化为浪漫的回忆！

市里举办影评征文，我对电影《红高粱》中“月亮”这个意象的文化内涵很感兴趣，便写了一篇文章投过去，没料到竟获得二等奖，这个奖项当时总共才两个名额，一等奖被市里的一位成人作家夺得。我忙不迭地将这个喜讯告诉了朱老师，他的眼里顿时现出惊奇的神色：“是吗?”接着连续感叹了两声：“嗯，不错，不错!”听完我的絮叨，他立刻又坚定地补了一句：“领奖那天，我送你去!”于是，领奖那一天，瘦弱的他骑着一辆破旧的自行车，驮着黝黑肥硕的我，在淮安路上晃晃悠悠地前行，不管我怎么说让我来骑车驮他，他都不肯答应。

毕业后，我回到家乡洪泽教书，朱老师则不久后被调到淮阴师范学院中文系。一次去市里学习，我顺便去了他家。他的书桌上放着一本摊开的很笨重的英语大辞典，还有一本厚厚的英文书。

“你在查单词?”我问。

“没有,”他似乎有些不好意思，“我在背词典。”

“什么?”我不由吃了一惊，“这么多，你能记得住吗?”

“没事的，打个折，或者再打个折后折，我也赚了。”朱老师显得很有把握。

三十好几的人，小有名气的学者，竟然用这样的方式学英语!

一年后的某天，我接到朱老师从南京打来的电话，说他已顺利地考上了南京师范大学古典文学专业的博士了。

三年后的某天，我从网上得知：朱老师已经在南京大学博士后流动站从事研究工作，出版了《近代词人考录》《近代词人行年考》等学术著作。

这个牛人告诉我：瘦弱的躯体、刚直的个性、浪漫的情怀、严谨的理性、质朴的积淀，还有灵动的智慧，它们之间，并非水火不容!

三

在华东师范大学读研期间，我每天都能听到生命拔节的声音。那琳琅满目的学术前沿讲座，以及和海内外学术精英们的零距离对话，令人做梦都会大呼“过瘾”。

在令我上瘾的老师中，中文系的博士生导师马以鑫可以算得上是很有特色的一位了。

马老师教“现当代文学鉴赏”课，上课从来不带教材，相关资料也不带。那洒脱飘逸的行书带着他的奇思妙想，不一会儿就布满了黑板。擦去、再写，擦去、再写，仿佛永远没有尽头似的。无论是重要数据还是相关资料，他都能信手拈来，如数家珍。

马老师的课一向以自己的见解为骨架，以生动的史料和多彩的生活为血肉，谈笑之间便建立了一个与“他者”相融的世界，仿佛那些文坛俊杰们和他是交游甚久的老相识似的。在刘纳欧“眼睛听到了嘈杂”的叙述里，他感到“压抑太厉害了”的逼仄；从《孔乙已》的十四个“笑”中，他指出“那是一个无爱的人间”；对狂人“直接杀了，他们不敢，要逼我自戕”的独白，他断言“这也是世人潜意识的浮出水面”……听了他的课，会让人觉得做学问并非高不可攀，而是像居家过日子，只要愿意悉心打理，其实是很实在、很有味，可以情趣盎然的。

在我眼里，平时谈笑风生的马老师，其实也有渗入骨髓的严肃，甚至苛刻。比如一次上课前，他竟然破天荒地板着脸清点了一下人数——兴许那天某位睡过了头的同学没有准点到位，十几个人的小教室显得不协调吧！尽管当时他只是好像顺口问了一下原因，但是那股威严的冷气还是让我触之可及，以后再也没有一个人迟到或逃课。期末写论文，一位同学引用文献太多，他毫不留情地判了一个低分。

有一次，我写了一篇近七千字的论述《狂人日记》中“黑夜”意象的文章，完稿后飞速打印出来，然后一路小跑着到办公室，请他提意见。“你打算投到哪里?”看完后，他沉默良久才问我。我兴冲冲地说：“投到《名作欣赏》。”两个多月后的一次师生聚餐，席间，马老师再次问我那篇文章的下落，我很自得地说：“已经收到用稿通知了。”大家顿时一片惊呼，各种赞美的话语像缤纷的彩带一样向我飞过来。只有马老师神色沉静，轻点了一下头：“这是单篇论文，以后可以朝综合论文的方向发展。”

从单篇研究走向多篇研究，不仅要求具备更高的宏观驾驭能力，而且无形中增加了微观透析的难度！联想到马老师简历中论文一项仅是一带而过的现象，我不禁冒出了一身冷汗，自己是多么虚荣，多么浅薄，多么浮躁啊！打那以后，我委实冷静了许多。不管遇到怎样晦涩、艰深的著作，我都能静静“蚕食”，耐心“反刍”了。

如今的马老师已经退休在家，他的严肃和苛刻，我愈加怀念了……

汲安庆

» 文学博士，大理大学副教授、硕士研究生导师，云南省中学语文教师资格考试面试考官，曾任教中学语文，《教师博览》签约作者，《中学语文》《福建教育》等刊物专栏作者。

我的世界因你而灿烂

/ 梅洪建

“我生命中的关键人物”，想都没想，就决定写你——我的女儿。

因为是你，让我这个爸爸深深浅浅却稳稳地走在了教育的路上，并有了一点小小的成绩，我的世界因你而灿烂。

那是十二年前，你还没有出生，妈妈摸着自己的肚皮幸福地对我说：“老公，你要当爸爸了，要学习当个好爸爸啊！”是的，我和你的妈妈十分相爱，她娇小玲珑的样子总是能够触动我的心弦，自然，她的每一句话，我都愿意去听。

后来很多人问我：“梅老师，你最初是如何爱上教育的？”我的回答很简单，就是想做一个好爸爸。

你知道吗？在你出生地——无锡的某个学校的报告厅里，我和你妈妈并肩而坐，聆听专家的讲座。突然，你的小脚踢了一下你妈妈的肚皮。忘记了是在偌大的报告厅里，你妈妈脱口而出：“老公，宝宝踢我了！”在众人异样的目光中，我还是把手放到了你妈妈的肚子上，第一次，我感受到了生命的律动，是你，我的女儿。

从那天开始，不太爱看教育书籍的我，开始了我的关于儿童教育书籍的阅读。你知道，咱家有一个专门的柜子，是放家庭教育书籍的，上面有卡尔威特、蒙台梭利、切斯特菲尔德、朴英淑、孙瑞雪、孙云晓、尹建莉、李跃儿、凌志军、李坤珊等人的书。那些书籍让我明白了婴幼儿生命的伟大与成长的神圣。尤其是蒙台梭利的成长圆环理论，让我第一次对生命有了敬畏之情。蒙台梭利认为，人的成长有四个区域。最里面的区域是红色区域，也就是人们所追求的真善美的区域，是理想人格所指向的区域。红色外面的区域是蓝色区域，是纯净透明的天空蓝，它是一个没有经过任何外界影响的婴幼儿所处的区域，这也是一个可以自发地向红色区域靠拢的区域。也就是说，孩子是自发地趋向真善美的。而蓝色区域的外围，则是白色区域，是正常的成人所处的区域。与蓝色区域自发地向红色区域靠拢相反，白色区域的人是自发地向外靠拢的。是的，白色区域的外围是深红色区域，但深红色不是红色的升级版，却是由各种罪犯和神经不正常的人组成的区域。也就是说，成人是趋向于“坏”的，而孩子却趋向于“好”。倘若我用自己的观点和思想来要求你做事，那将是多大的悲哀啊。

是的，这段阅读，让我明白成人应该敬畏孩子。

真的，后来有一件事情，印证了蒙台梭利的看法，也成了我最深刻的记忆之一。当然你是不会记得的，因为那时你才三岁。

那天，因为你的调皮，爸爸对你发火儿了。当时你的泪花在眼眶里闪烁，但没有流出来，真的，你小时候就特别坚强。过了一小会儿，我还在生气，你却拿了一盒牛奶对我说：“爸爸，喝牛奶吧，我原谅你了。”

“我原谅你了”，还用追究错在谁吗？不需要，是我的女儿用自己的行动证明了我的渺小。

我还会不发自内心地敬畏孩子吗？正因为懂得了敬畏孩子，我才在构建自己“培育—发展”教育理念的时候，把教师（成人）放在了很低的位置，把教师的工作本位定位为“为孩子的成长搭建动起来的舞台”，而不是以一个先知的形象告诉孩子该怎么做，或者引导甚至强令孩子该如何做。我甚至说，如果孩子愿意选择欺骗，我就愿意选择相信。因为提出这个观点，我被很多人批评，说我在纵容孩子的错误行为。他们哪里知道，这是源自一个父亲对孩童的信任，坚定不移的信任。不仅是因为蒙台梭利的观点，更是因为你的行为如是告诉我。

是的，如果不是因为你而阅读，我不会构建起这个有些“叛逆”的理论。“叛逆”也可能是真理，不然全国知名德育特级教师张万祥爷爷也不会说，是我的“培育—发展”理念，让班主任的“不瞎忙”成为一面猎猎的旗帜。

当然，我也不想用自己所谓的谦虚，让你误以为爸爸创建的理论就是“叛逆”，毕竟不少人说，“你哪里是叛逆者，而是教育最真实的信徒。”是非或许没那么重要，重要的是爸爸用自己的理论和实践帮助了很多大哥哥和大姐姐，也逐渐影响着更多的老师。

下面这件事情，你更不会知道，因为那时你还没有出生。

“很遗憾，胎儿身上有现在很少见的弓形虫，出生后不是有智力缺陷就是有身体缺陷。”医生用充满歉意的手势和语气告诉我和你妈妈。

那是2004年12月，在无锡的一个传染病研究所里发生的事情。

无数个日子我的头贴近你妈妈凸起的腹部，幸福地喊着“宝贝”。难道我的宝贝会有某种缺陷吗？我和你妈妈木木地走出研究所的大门。在即将跨出门口的刹那，你妈妈的眼睛里放射出一种坚毅：“老公，无论孩子有没有缺陷，我们都要把她生下来，因为她是一个生命，她是我们的孩子。”没有言语，我只有紧紧地握住你妈妈的手。“如果她有缺陷，我们就十倍百倍地去爱她，因为她是个可怜的孩子；如果她没有缺陷，我们就千倍万倍地去爱她，因为她是上帝对我们最大的恩赐。”你妈妈是一个伟大而坚强的女子，所以我告诉你，这个世界上没有人比你妈妈更爱你。

2005年5月，你的健康到来让我的世界阳光一片，也让我深深地明白：一个孩子能够出生是一种奇迹，能够健健康康地出生更是一种奇迹，而能够在生命的旅途中与我相遇，甚至相伴几十年则是更大的奇迹。

因为爱你，爸爸懂得了去爱别人家的孩子。你总说爸爸忙，不怎么爱你。你可曾知道，在爸爸的心里你有多重要？但是，我知道，别人家的孩子也重要，是你告诉我的。

因为懂得，所以慈悲。对自己的孩子慈悲，才会对别人家的孩子慈悲。

所以，你从网络上看到了那篇广为流传的文章——《未来，美好》，那是我写给一个成绩不好的孩子妈妈的信。任何人的成长都不可能一帆风顺，教师不可能在同一个时间里让所有的花朵都绽放，因为世间的万事万物都是有差异的。因为有差异，所以需要耐心。作为老师，我不能放弃任何一个孩子，因为生命是奇迹，相遇是奇迹。你也从爸爸的书里读到过关于杰的故事、关于郜的故事……你总是说爸爸爱别人比爱你多一点，爸爸无法比较爱谁多爱谁少，只知道，每一个别人的孩子和我相处的三年，我都会去珍惜，所以会为他们的成长搭建最好的舞台，让他们都最大化地成为他们自己。

是的，这是爸爸对教育最深刻的认知之一——教育，就是让每个孩子最大化地成为他自己。

让每个孩子最大化地成为他自己，需要爸爸的清醒认知和认真付出，需要我设想各种方案，搭建各种平台，提供尽可能的动力。

为了让每个人都最大化地成为他自己，我在合作学习理论的基础上，以满足人的归属需要、存在需要、自由和快乐的需要为基本工作立足点，在“金字塔结构”和“班级自主结构”之外，创造了第三种班级生态。在这种生态中，没有班规，没有班干部，有的是人人独立的但极为重要的舞台。为了让成长进一步优化，我努力构建孩子们之间的信息互赖、情感互赖、情境互赖、评价互赖等结构形式，让这些互赖凝聚力量、凝聚智慧，进而让温暖和存在呈现，让自由和快乐在教育的困境中世外桃源般地呈现。

现在，爸爸每次出去讲课的主要内容就是这些。

当每一届孩子离开的时候，我总能舒一口气：孩子们，祝你们未来走好。女儿，你知道吗？只有你，不会三年离开我一次，我们将一生相伴。所以，这就注定了，我是最爱你的。

因为爱你，我必须懂得去爱别人，去成全别人。

很多人不理解，为什么我在自己的班级里不安排班干部，不设立班规？因为大多数人认为，教育也应该是管理出效率，没有管理就会一盘散沙。或许我无法说服别人怎么去做，但我知道自己必须这么去做。

因为，有你，我的宝贝女儿。

你刚上小学的时候，成绩并不怎么好。你记得你第一次转学的事情，但你绝对不会知道原因是什么。因为，爸爸妈妈从来没有告诉过你。但今天，写这篇文章时，我要把它说出来了。那时，你读小学一年级，还不到一个学期，你的某个老师就对我和你妈妈说："要好好给你的孩子补课啊，不然赶不上优秀的学生。"当时我和你妈妈的心就凉了，才上学多久啊，就给孩子下如此结论。后来，仔细观察你回家后的表现，我明显感觉到你不快乐。你告诉我你的老师总是喜欢成绩好的学生，而不喜欢你。你知道吗？爸爸好心疼。于是我明白，如果在一间教室里没有真正的平等，是会伤害到很多人的。而平等，对于当下的教育来说，不是受教育机会的均等，而是在一间教室里心理上的平等。设立了班长、学习委员、纪律委员等一系列班级职务的班级，孩子们会心理上平等吗？不可能。不平等就会产生问题。所以，爸爸开始摸索建立取消班干部的班级生态，就是爸爸上文提到的第三种班级生态。如此，每个学生在我的班级生态中都处于平等的位置，也都是同等重要的位置。让平等消释矛盾，让平等消释现实教育中因不平等带来的种种问题。

真的，我看到很多因为不平等而导致一部分人得到老师的重视，另一部分人被忽略。尤其是后来，我发现问题学生有三种类型：立场对立型、自暴自弃型、黯然神伤型。他们或者和老师对着干，或者自暴自弃，或者躲在角落里黯然神伤，甚或因此而产生各种心理疾病。这些，都源于不平等。

所以，感谢我的女儿，你让我构建了平等的班级生态，让我的学生在与我的生命相遇的美好年华里充满了美好。

关于不设班规，自然也和你有莫大的关系。

是否有一段时间你感觉爸爸特别的烦人？因为爸爸管你太多了。

后来我发现，我管你越多，你就越烦我。如果哪一个阶段我不大管你，你就会像快乐的小鸟一样，我一进门你就伸出双臂：爸爸，抱抱！在爸爸拥抱之后，幸福就会爬上你的脸颊。

不知不觉我的丫头长大了，她开始叛逆了，开始讨厌爸爸管理了。但是，如果我给你的是拥抱，你又会对我那么的亲近。如此，我又何必去硬生生地管理你，而不给你拥抱呢？

是的，正如弹簧，你压得越紧，它的反弹力就越大。

是不是我把学生管得越紧，学生出现的问题就会越多呢？由你，我引发了如此思考。应该是吧，正如渔网和鱼，如果没有渔网，鱼是不会碰到网的。如果渔网的孔越细密，鱼触碰渔网的概率也就越高。是不是一个班级班规越多，学生触犯班规的概率就越高呢？是的，本就是如此。

现实的教育就是，教师先制定了一系列班规让学生遵守，自然，有班规就会有学生触犯班规，有触犯班规班主任就会处理学生的问题。处理的问题越多，证明班级事故就越来越多，为了防止事故再次发生，教师就会强化班规，增加班规的条目。自然，你也会明白的，班规条目越多，学生触犯的概率就会越高，那么老师就会越忙，产生师生冲突的概率也会越大。

是悖论吧？

如果放弃班规，正如我放弃对你的管理，而给予拥抱呢？或许真的如你不再叛逆一样，班级的学生是不是也不再“违纪”了呢？

基于此种思考，爸爸开始摸索无班规运行的策略。在不断求索中我明白“无事生非”和“有事不生非”的道理。如果我可以给每个学生一个位置，让他们在自己的舞台上扮演好自己的角色，不停地有事做，那不用班规，也不会出事吧。

是的，我开始在自己的班级实践，给每个孩子一个角色，在给予他们动力和尊严的基础上，让每个人都各自舞蹈。没想到，效果极好，不但没有出现任何大的事故，还使班级迸发出青春的活力，这是当下很多教室里看不到的景象。

在外面讲学的时候，很多人会问我：怎么听起来你的班级管理像神话，不太真实？当我一一解释之后，大家又会感觉原来就是这么回事儿。

你知道吗？别人言说的“神话”里还包含着这样一些信息——学生创造力无限，学生综合素养极高。

其实，都是源于做事。不是吗？做事才有能力，才有创造力，才有真正的综合素养的提升。

源于与你十二年的相处，爸爸获得了很多荣誉：2015年登上了杂志的封面，先后被二十多家杂志推介为名师，先后到三十多个省市讲学，出版了几本教育专著。我不敢多写，是因为你总是说：“爸爸，能不能谦虚点儿？”然后是一副不耐烦的假表情。

说你做假表情，因为每次爸爸外出，你总是念叨着：“爸爸，你什么时候回来啊？”我知道，你内心里也是因爸爸而骄傲的。

孩子，你是我人生、事业的重要人物。我的世界，因你的存在而灿烂！

梅洪建

» 全国优秀语文教师，全国知名班主任。出版《做一个不再瞎忙的班主任》《特立独行做教师》《家校沟通，没有痛过你不会懂》等专著六部。

思玉

/ 冷学宝

1980年走上讲台时，我未满十七岁，只是一个不谙世事的大孩子。凭着感性教书，依着本能做事，我的目光也就只能局限于一隅，无法看到遥远的未来。生活才刚开始，我却已经迷失人生的目标，失却生命的激情，整个人陷入自我魅惑的迷津里。

学校门前有一条河，河水平缓，水质清纯。夏日，在河水里洗脚时，总想再掬一把水浇到脸上；冬天，在冰面上滑行时，能够清晰地看到水底的细沙碎石；春秋季节，小河的粼粼波光映照出蓝天，又叫我忍不住想去捞一朵白云。小河带给我许多快乐，却也清楚地记录着我空空荡荡或者说是无所适从的第一年的教育生活。

1981年9月，学校来了一位新同事：陈思玉，他个头不高不矮，身材不胖不瘦，说话不紧不慢，做事不急不躁，是很实在、很普通的一个人。

我们住在同一间宿舍里。虽说离家并不太远，可我们还是选择了住校，参加晚办公。晚办公并不是学校硬性的要求，要是本村或邻村有电影的话，领导也能顺遂民意，临时取消晚办公，让大家去享受这难得的文化大餐。每一次看电影，都让人兴奋不已。我至今依然记得，有一回到十多里外的街上去看电影，第一次在黑夜里骑自行车回学校，那种感觉犹如腾云驾雾一般。

陈思玉有一个随身携带的收音机，只是有时收听的效果并不理想，冷不丁冒出来的杂音会让正收听着的声音倏然变得飘忽不定，心和耳就只能在等待中饱受煎熬。记得中国女排在日本参加第三届世界杯比赛时，宋世雄那相当煽情的解说不时被其他声音干扰，有时细若游丝，有时空茫一片，没少让我们着急、无奈。收听了中国女排夺冠之路上最艰难的那场比赛后，我的心一直处在激动之中，以至那一晚摸黑跑了几里路去看电影，却不知道看了些什么。

第二年春天，学校门前的小河里多了两个捕鱼人的身影。放学后，太阳还高高地悬在西边，如何打发晚办公前的无聊时光，就成了我们必须解决的“课题”。不知陈思玉从哪里淘得了几片“丝溜子”，我们就在晚上将网下到河里，第二天早上去收：倘若有夜游的鱼儿撞了网，我们岂不乐哉？然而“丝溜子”太窄，收获总也不大，很少让人体验到兴奋感、成就感。即便如此，我们毕竟轻而易举地将寂寞时光打发了过去。

那时我尚不明白，和鱼儿一起被“网”住的，其实还有我们的青春时光。幸好，“丝溜子”在一个月明星稀之夜不见了踪影。后来我想，那只取走“丝溜子”的手，也许就是来拯救“迷途羔羊”的“上帝之手”。

不能逮鱼了，我不免有些遗憾，可陈思玉却是不愠不恼的样子。不知是哪一天的事情，他叫我跟他一起学日语。

我们是跟着江苏人民广播电台学习日语的，当然，是用他的收音机。后来，因事耽搁了两次，他就淡了学日语的心思。我一个人学习日语时，自然还是用他的收音机。有时，他正听着喜爱的节目，我却连招呼也不打一声，就直接将那收音机取了过来，调了台，自顾自地听。他呢，还是那样的平和，不恼不气，连落寞的神情也没有。不过，我的日语学习也没能够坚持下去：学完了第三册，第四册的课本我无论如何也买不到了——要买，得到南京去。那时的南京，对我来说，实在是太遥远了。

日语学习最终荒废下来，我却并非一无所得。

在我饶有兴趣地学习日语时，陈思玉又埋头写起“文字”来。我问他写什么，他罕见地闪烁其词。再三追问，他才说是写小说。我对他充满敬意的同时，竟然也学了他的样子，拿笔写起小说来。那个时候，我的生活经历简单而枯燥，知识储备少得可怜，想象力更是沉陷在黑暗之中，只能凭着模糊不清的感受胡写乱画，盲目的热情倒也让我体验到了直抒胸臆的快意。

我不知道，像这样学日语和写小说，能为自己的未来开辟出怎样的一片天地，但我的生活从此变得充实了，这却是不用怀疑的。青春之火被了然无痕地点燃，生命深处的潜能被一一激活，我那受蒙蔽的灵魂得以拨云见日。我的教育人生，是以九年的读书生活为起点为基础的。如果没有陈思玉那种类似玩耍般的行为引领，我的教育生命也许永远无法获得真正意义上的“启蒙”，只能永远处于混沌之中。

这绝不是危言耸听。看一看周围的同人，他们在日复一日的机械劳作中与日俱增地倦怠、失落，我不禁悲从中来、怕从中来。不经意间，我却碰上了一个将我引向生命正途的人，实在是命运之神对我的眷顾。

我不知道陈思玉的小说写作是什么时候停止的，而我的小说创作也没有取得希望中的成就，这让我一直耿耿于怀。聊以自慰的是，时至今日，我依然没有放弃用小说写一部教育著作的梦想。

出乎意料的是，因为在教育教学方面的耳濡目染，我思考的重心发生了偏移。关注教育现象，思考教学经纬，品味教育人生，让我敢于质疑和思考，乐于行动和探究，以至在过去的一年里，我就有四十多篇文章在《中国教育报》等报刊上发表，还有一部分文章被转载。原来，风景这边独好！

如果说我对教育教学的浅薄理解已偶露峥嵘思想，那肯定与我曾经的小说创作经历有关：淡漠了小说情缘，却习惯于从人文的角度来观照教育，这也算是“失之东隅，收之桑榆”吧。

而这些始于蹒跚渐趋稳健的迈步，确是源于思玉兄那些玩耍般的行为的“启蒙”。是思玉兄给了我在蒙昧中廓清迷惘获得成长的机缘、勇气和信心，让我在自己教育生命的节点处着力用功，实现了生命的转折与升腾。

现在，我和思玉兄又成了同事，他在我们学校里任总务主任。他的门门通、样样行，保证了他能将自己的服务角色做到极致。有时，他简直是助人无限，带美术兴趣小组，修电脑，设计校园广播系统……在给人力所能及的帮助时，他从来不讲报酬。

思玉兄是一个普通人，他虽然没有咬定一个目标去发展的执着精神，更没有成名成家的宏愿，但他做人的本真，做事的超然，对新鲜事物的真诚喜爱，对新异知识的热心钻研，常常让我莫名地感动。思玉兄的这些为人的品质，使他能够在有意无意中成为润泽他人生命的人。我就是在自己生命的节点处，得到了他的润泽。从职业的角度来说，这其实是我们教师的使命所在、光荣所在。感谢思玉兄用他的身体力行告诉我这些！

冷学宝

» 江苏省新沂市阿湖中学教师，中学高级教师。《教师博览》首批签约作者，徐州市首届“优秀读书个人”，所带班级被评为“徐州市文明班级”。在乡村学校工作三十七年，只想做好两件事：教书、写作。

心中的天使

／刘祥

十九年前的那个秋日之夜，祖父在一阵开怀大笑中辞别尘世。当我接到电话，从县城匆忙赶回老家时，祖父的身体依旧温暖着。我不相信老人家真的舍得丢下我们，便用手去摸他脖颈处的动脉，依稀觉得手指还能感受到脉搏的轻轻颤动。于是，我坚信他只是昏迷了过去，或许，一会儿工夫后便能清醒过来。

然而，老人家最终并没有再次睁开眼睛，从此以后，我和他的每一次相逢，都只存在于虚幻缥缈的梦中。梦里，他始终如生前一样不停地劳碌着，脸上挂着开心的笑，十九年来，竟然没有一次抱怨过天庭的孤独与劳累。这多少让我牵挂的心，有了些微的慰藉。

但我依旧会在许多时候用一颗愧疚的心怀念他，怀念我人生中这位最关键的人物。我以为，我所拥有的一切能够被称之为美德成分的，都来自他的教育和影响。他虽没有读过几天书，但始终用他的行动，为我诠释着侠义、仁厚、豁达、勤劳、善良、坚韧等各种品质。

一

祖父健在时，每年春节，家中前来拜年的亲戚总是特别多，以至必须轮班，规定好某天哪些人可以上门。春节里的十多天，家中天天都有两三桌客人。我在小的时候曾经很好奇，我们家怎么会有如此多的亲戚。后来才慢慢知道，这些亲戚中，半数人与我没有任何血缘关系，他们多是因在最困难的年代蒙受过祖父的恩惠而结下的干亲。

有一门干亲，小时候的我极不喜欢。他每次到我家来，最多带几颗糖果；回去时，祖父却总要送他一些衣服鞋帽等物品。祖母告诉我，此家的男主人曾经是小学教师，反右时被抓进了监狱，妻子带着孩子跑了，只留下老母亲独自一人在家中。大饥荒时，老太太去世了，无人为其发丧。祖父知道了这件事，便以孝子的身份，为老太太披麻戴孝、抚棺发丧。整个丧事的所有费用，全部由祖父承担了下来。“文革”前，这位男主人才从监狱中出来。因其母亲也姓刘，便认下我祖父当表哥。1997年，祖父病逝，我们因路途遥远而未通知此人。他辗转得知消息后，曾特意来到祖父坟前祭拜，痛哭一场而回。

还有四门干亲，至今依旧与我家交往甚密。这四门干亲中，我称之为大伯的那位，解放初从苏北流浪到我家所在的村子，祖父见其可怜，将他留在家中做学徒，学习做粉丝，后来还帮他成了家。我称之为大姑姑的，也是兄妹俩流浪到我们村，无依无靠，祖父收他俩做了义子义女，帮他们建房子落户口，精心呵护了几十年。我称之为小姑姑的，则是在饿死很多人的那两年长期吃住在我家，和我的祖父、祖母、父亲一起，依靠二十来斤绿豆、各种野菜而得以活命。祖母以前常说，那时她和祖父常年吃野菜、榆钱和葛根粉，每顿饭都用一点儿绿豆和着野菜熬成稀粥，我父亲和小姑姑平分这点饭食。另一位芝姑姑，则是祖父在下乡售货途中，看见倒在路边奄奄一息的她，便将自己全天的口粮——一块麻饼给了她，救活了她的一条命。

也有一些干亲，后来因为家庭搬迁等各种原因，现在已与我家断了往来。我记得，其中有一位，是祖父和父亲从池塘中救起来的落水者。我不知道他俩是如何救活这个人的，我只知道，我们家没有一个人会游泳。

有血缘关系的亲戚中，我觉得，或许人人皆承受过祖父的恩惠。我祖母的四个侄儿，至今每年清明节都要到我祖父的坟头烧纸磕头。他们常说，没有我祖父，便没有他们的今天。这事我大约知道，结核病流行时，他们全家都感染了肺结核，却无钱医治。祖父将自己的工资拿出来，帮他们看病买药。我姑奶奶家的五个儿女，无论谁家有了事儿，也是一准要找我祖父帮忙处理的。

每当我说起祖父的这些故事时，总会有人好奇：你家那时很富裕吧，否则，自身难保，还如何帮助别人？我家在1949年前确曾富裕过。听祖母说，家中最红火时，开了一个大粉坊，加工的粉丝卖到多个乡镇，还养了几十头猪。或许是上天感动于祖父的侠义心肠吧，土改的前一年，家中的粉坊失火，数千斤粉丝连同所有的工具、房屋，被一把火烧了个精光。因为这场火，祖父后来被定为贫农，避过了很多劫难。

我所知晓的祖父的侠义行为，都是发生在家道衰落之后。自我降生直到大学毕业，我家的生活都很艰难。记忆中，每年春天祖父都要忙于四处借粮。即使如此，遇到有人需要救助，他依旧痛痛快快地接济。那时，一日三餐，我们都喜欢在屋前的大槐树下吃。有一次，一位路人经过，见到我们吃的玉米饼，想买一个充饥。祖父坚决不收钱，那人坚决要付钱。结果，那人最终也没吃上玉米饼。这事后来被我们笑了几十年。

二

祖父的这种侠义，与他的人生经历相关。

祖父四岁时，便失去了双亲，靠亲朋的接济而存活。童年时他给富裕的人家放牛，再大点儿便跟了戏班子学戏，能做些体力活后，便跟了各种手艺人学习各样谋生的技能。他做过石匠、泥瓦匠、粉刷匠、篾匠、厨师、挑夫、农夫，还踩过高跷、耍过船灯。庞杂的行当，在教给他诸多谋生本领的同时，也让他结识了三教九流的各种人物，并最终形成了急人危难、轻财仗义的性格。

家里的粉坊被烧了之后，祖父做了几年游方厨师。谁家有了红白事儿，请到他，他便挑了锅碗瓢盆去给人家烧菜做饭，一桌饭菜挣一角钱。各地兴办大食堂时，他因为菜做得好，被供销社招去做厨师兼货郎。大饥荒后，他被调到军烈属敬老院做专职厨师，全天候照顾敬老院中的三四十位老八路和老新四军。在敬老院，他工作了近二十年。敬老院中的工作人员，只有一名院长，一名医生，加上他这名厨师。那些年，所有辞世的老革命，都由祖父负责洗浴穿衣送葬。健在的老革命们，则个个视祖父为他们的兄弟或儿子。

敬老院厨师这份工作极为辛苦。敬老院在山中，买菜必须到十多里外的街镇。祖父始终是凌晨两点起床，步行一个多小时到街镇，在食品公司买齐粮油肉菜等物，然后立刻返回，在凌晨五点半前开始做早饭。几十斤重的担子，他天天挑，一挑就是近二十年。

我读初中的那几年，家中的草房已破败不堪。祖父决定建一栋青石瓦房。那时他每个月的工资是三十多元，根本无法承受建房所需的三千元的费用。我记得，那几年的夏季，每天忙完午餐的各种工作后，祖父与祖母便顶着烈日满山捋刺槐树叶，晒干了拉到供销社去卖，每斤干树叶三分钱。就这样，在我升入高一那年，家中的四间瓦房终于盖起来了。

我读高中那年，祖父的工作调动到了县城里的棉麻公司，依旧做厨师。变换岗位的全部原因只有一个——我长大了，应该在县城里有个家。在棉麻公司，他工作到退休。退休后，则依旧操持厨师的职业，在县城租了间小房子，开了家小饭馆。

祖父开小饭馆的第二年，我大学毕业，分配到一所乡村初中教书。祖父从我工作的第一天开始，便忙活着托人给我找对象、调动工作。两年后，在一位远亲的帮助下，我终于调到了距离县城六公里的一所乡村初中。

休息日和假期，我常到小饭馆帮忙。那时，我对祖父的经营之道多有抱怨。他做早餐，总是凌晨两点钟起床，四点半钟之前，熬好热腾腾的稀粥，炸好金灿灿的油条，等着迎候第一批顾客。我说你这么早便开门营业，谁四点半钟来吃早餐？就算有，也不过一两个人，赚不了钱，却让自己太辛苦。祖父便说，怎么没人呢，扫这条街的两个人，每天早上都在四点半来吃早饭。祖父就为了这两位清洁工人每天凌晨能吃口热饭，便每天早开门两个小时营业。

他卖早餐的方法，更让我无法接受。食品由顾客自取，结账时吃多吃少全由顾客自己报。我多次看到一些农民工多吃少报，占他的便宜。他却说，“多吃就多吃吧，又不值多少钱，如果不是因为穷，谁会不要面子多吃多占？”

三

我对祖父上述各种做法的理解、接纳和践行，皆始于他仙逝之后。他1997年离我而去，那时，我三十三岁，刚刚有能力回报他的抚育之恩。

他离开后，常有人在我面前念及他的好。我到一家熟识的餐馆吃早餐，老板总是说自己的手艺是跟他学来的。老板当初只会卖烧饼，赚不了钱，便登门拜师，向他学面点制作技术，他慨然应允，倾囊相传，全然不顾“同行是冤家”的古训。老板说：“你祖父最了不起的地方，是做人的大气。”

我记住了老板的话，更记住了祖父的这份品德。我以为，老板所说的大气，其实就是一种人生应有的境界。2009年，一家杂志约稿，我将我对这种“大气”的理解写成一篇短文，题目为《吃亏是一种境界》。在文中，我用这些话语表达对祖父的纪念与讴歌，更用这些话语构建自身生命的精神脊梁。

终于有一天，劳碌一生的祖父，在一阵爽朗的大笑中辞别了尘世。整个县城的人，凡惠顾过祖父饭馆的，便都以惋惜的口吻，评价祖父是个好人，大伙儿众口一词，“这老头儿一辈子甘愿吃亏，与人无争，不但修来了儿孙满堂，而且修了个最享福的走法。”

现在，十二年过去了，十二年的风风雨雨，竟然丝毫没有冲淡祖父凭借其甘愿吃亏的德行镌刻在他人心目中的形象。亲朋故旧聚会时，人们总还会用惋惜的口吻念叨起祖父的好。而我，也在岁月的摔打中，一点点修正了对祖父的“糊涂”的认知。

我终于明白，不识多少字的祖父，尽管不知道郑板桥，不懂得辩证法、相对论，但对“难得糊涂”“吃亏是福”这样的话语，却有着常人无法达到的理解深度。在祖父的人生词典中，甘愿吃亏，把好处让给他人，显然已成为一种生存的至高秘诀。这种以退为进、以吃亏求幸福的人生哲学，何尝不是一种参透之后的觉解，一种超然之后的豁达。祖父，用他饱经风霜的人生阅历，将吃亏提升为一种难得的人生境界。

现在，当我因为主动放弃了某些利益而实现了更高境界的理想时，当我因为舍弃了某种地位而收获了内心的充盈时，当我面对着一个个坎坷而能以相对豁达的心态坦然迈过时，当我面对身边教师及天南海北的同行的各种求助而慨然应允、倾囊相传时，我已习惯于如他那样甘愿吃亏而守一份内心的平和安宁，快乐付出而不求他人的感激与回报。我知道，生命中最重要的，不是自己做了什么，得到了什么，而是给他人带来了什么样的幸福，在他人记忆中留下了什么样的印痕。我不再畏惧吃亏，不再为个体的利益纠葛而患得患失。我乐意把绝大多数精力投入到语文教学研究中，乐意在看似艰难的环境中，用乐观豁达的态度对待生活、对待他人。我也尝试着如他那样去帮助别人、信任别人。我用这些美好的品德作为精神支撑，顺利走过了职业生涯中的低谷，获得了同行们的普遍认可，也获得了应该获得的各种荣誉。

我读过书，我能够将祖父践行一生的行动概括为“境界”这样的词汇。我把这个词汇刻入我的人生硬盘，将其视为祖父馈赠给我的传家之宝。我想，天堂中的祖父，绝不会像当下的某些家长，总是睁大了眼睛，防范子女吃亏。他老人家定会像生前一样，乐呵呵地欣赏我从他那儿继承来的这份“糊涂”。

四

当我面对“人生的关键人物”这个命题时，我无法找出第二个人，能自始至终影响我的一生。从物质生活而言，我生命的全部成长期，都离不开他的辛苦操持。当我的众多同伴需要依靠乞讨而活下来时，他为我提供了能吃饱肚子的饭菜，能遮风挡雨的衣服；当我长大成人后，他为我操心读书的事、工作的事、成家的事、住房的事、带孩子的事……他经营小饭馆的收入，至少有60%用到了我的身上。

从精神生活层面而言，他的影响更是无处不在。他从不给我讲什么空洞的人生道理，却又始终在用他的行动为我做出人生的榜样。这么多年来，我在教学的路上经历过很多人为的磨难，有时也会有短时间的抱怨和懈怠，更多的时候，都能用相对乐观豁达的态度坦然处之。我的这份耐挫折的能力，绝大多数来自他面对各种艰难时以苦为乐的精神的熏陶。至于他经常挂在嘴边的“人不要怕吃亏”“你帮别人一次，别人也会帮你一次”“做人不要惹事，但也不要怕事”等话语，现在也都成了我的人生座右铭，引导我的生活朝着简单、纯粹的方向健康发展。

有一件事，无法证明是否受到他的影响。我的家族中，我父亲、我、我妹妹、我弟弟、我女儿，都有非常强的动手能力，都有极为广泛的兴趣，生活中遇到的各种小问题，都能够用自己的一双手来解决。比如，修理自行车、摆弄钟表电器、做点木工活、当泥瓦匠……我认为这应该是他的功劳，他在生活中除了不敢摆弄电器，其他什么事都做，对什么事都充满好奇。他在过了七十岁后，还向我弟弟学习过做馄饨、酸辣汤等北方食品的方法。他觉得，作为一个做了几十年厨师的人，有了好的食品却不会做，是很丢面子的事儿。他不但学会了，还进行了改良，将他几十年的经验融合到馄饨和酸辣汤的制作中，推出了只属于他的早餐品牌。他的这份态度，一定在无声无息中浸润了我们。

我在与他共同生活期间，弄坏过他的很多东西。正常工作着的闹钟，我想看看“肚子”里都有些什么，便将其大卸八块；出了点小故障的电风扇，经过我的“修理”，彻底瘫痪了；他的二胡，被我“调试”后，声音便没了神韵……他从不因为我的这些“破坏”而批评我，而是以一种鼓励的态度，呵护我少年时的全部好奇心。他对我是这样，对家里的其他人，也是这样。

我在拥有了一定的教育教学经验后，曾认真总结过他对我的教育中所拥有的先进教育理念。他从不强求我该做什么，只要求我尽量把自己想做的事做好。他也不为我设计什么样的人生路径，完全听任我的天性和爱好而自由发展。他几乎从不给我讲空洞的人生道理，想要陈述时，便总是用身边的故事来启迪我。他的教育方式，去功利化，顺应天性，尊重主体需要，堪称素质教育的典范。用他的话来说，他不识字但识理。

我今年春节回家，亲朋聚会谈及祖父时，有亲戚说，“老爷子有那么多的手艺，一样也没有传下来，太可惜了。”是的，他会唱戏，我们没人学；他的厨艺，我们没人学；他做粉丝、挂面的手艺，我们没人学；他耍龙船、拉二胡、踩高跷的本领，我们没人学。但我们学会了他最宝贵的精神品质，继承了他的各种美德。这样的财富，对我们来说更有价值。

五

我常常想，我原本或许只是上苍手中一粒可有可无的麦子，和千千万万粒麦子一起，被随意抛撒到了人间。我和其他所有的麦子一样，在经历了生命的最初孕育后，只是以一株幼苗的姿态开始迎接尘世的风风雨雨，并未体现出迥异于其他麦子的任何特质。然而，我却有幸遇到了他，遇到了这个愿意用全部生命给予我呵护的人，于是，我便不再是一株自生自灭的麦苗，而成了他眼中和心中的天使。

他只读过几天的书，应该并不知道欧洲神话中的天使，都有着一双羽毛洁白的翅膀。所以，他心中的天使，大约只能是能够每天填饱肚皮的白胖小子。

他便用这样的天使形象来塑造我。在那饥荒的年代里，他想尽一切办法让我的饭碗中始终散发出米饭的芳香。他不强迫我读圣贤书，也不懂得用“精忠报国”一类的崇高理想雕塑我的灵魂。他只是宁愿自己饥肠辘辘也乐呵呵地看着我狼吞虎咽他烹饪出的各种食物，高兴时，他还会拉上一段二胡，或是用竹筷和瓷碗敲打出一曲《月儿弯弯照九州》。在他的笑声、琴声和小曲中，我的童年竟然出落得一片洁净澄明。

此后，我开始在自以为是中慢慢长大，他却在守望与祝福中慢慢衰老。他用日渐衰老的身躯，陪伴我走过上高中的夜路，为我背起上大学的背包，并把我一直送到了工作单位。读大学的那几年，尽管我隔三岔五便回家一趟，他却总还喜欢坐上几十里路的车，用保温桶装了热腾腾的饺子送到学校。只有他清楚，所有食物中，我最爱的，是他亲手包的水饺。

我不知道他的身体何时开始出现了问题。他永远都是夜里两点多钟便起床开始一天的劳作。没退休时是忙着单位里的早餐，退休后是忙着家里的小吃店的生意。他说他要攒够祖母养老的所有费用，免得他离开尘世后，祖母成为我们的生活负担。为了这样的心愿，他如永不停歇的陀螺，一直运转到生命的最后一刻。

只有在他终于不再张开苍老的双翅为我遮风挡雨之后，我才陡然发现，他始终是我生命中张着双翅飞翔的天使。他用一生的厚爱，将我一点点引领到善良与博爱的道路上。他没创造出一句精彩的名言，却把我这粒麦子培育成了一个知道自己为何而生长的生命。

如今，飘泊异乡的我，即使在清明节，也很难有机会回到故乡，去为他的坟墓添一锹新土。我便只能用文字，充当可以香飘天庭的祭奠。我把我的每一次思考和写作，都看作奉献给他的迟到的孝心。在那个世界里，我唯愿他能在他朋友面前骄傲地说：“看，我的孙子，在凡尘中，还算有点出息。”

他生于公元1925年农历八月十六日，今天是他诞辰91周年的纪念日，谨以此文寄托我的全部思念，愿老人家在天庭一切安好！

刘　祥

» 中学语文特级教师，江苏省教学名师，“长三角”教育科研优秀个人，扬州市有突出贡献的中青年专家，“三度语文”首倡者和践行者，出版《语文教师的八节必修课》《追寻语文的“三度”》等专著九部。

改变人生的一个人

/ 马德

那时我们最热心去的地方是电影院，还有那个该死的录像厅。

已经快高二了，我们依旧沉溺其中。虽然学校的大门紧锁着，但门房里住的是一个两眼昏花的老头，他经常把信分错，就更不容易在夜色浓黑的晚上看到我们。常常是等他听到铁门咣当的响声后，我们早已翻门出了校外。这样的门，对我们来说形同虚设，同样形同虚设的，还有那个老头。

那会儿学校的管理基本上是一盘散沙。轻易见不着的班主任，即便无意中踱进教室，也不闻不问。最为宝贵的一次是，班主任问起我们的下落，邻桌的同学随便搪塞了几句，他就走了。就这样我们在逍遥中度过了一年的时光，看了当时最有影响的《芙蓉镇》《红高粱》等几部影片，然后就是无数连名字都不容易记起的录像了。

虽然成绩还未至于一塌糊涂，但我们对前途基本上是渺茫的。学校每年只能考上十几个人，而这样的好运，又多数被那些复习了无数年的“老补”们撞上，看到他们范进中举般的笑颜时，我们心里就更空空的没底，不知道自己要复习到什么时候，才能熬出头。

正当我们几乎不可阻止地要堕落下去的时候，学校的领导层有了一个变化。教我们历史的孙老师突然间平步青云，当上了学校的教导主任。这在当时死水一般的校园里起了一个不小的波澜，人们纷纷猜测着他的后台，说得最玄乎的是他的一个亲戚在中央。我们以为这是学校的事，与我们没有关系，谁也没放在心里。谁知道他新官上任后的第一把“火”，就烧到了我们头上。

以前，早晨做操或下午上课的时候，我们想不去就完全可以不去，基本上没人去管。那一天，午休的铃声刚过，平地一声惊雷，后边几排寝室上空突然间回荡起孙老师喊学生起床的声音，那种铿锵让我们想起了他在课堂上讲的法国大革命，让我们这些腐朽没落的家伙不寒而栗。我们几个不愿去上课，就想办法对付他。20世纪80年代的县城中学寝室还是大通铺，一个屋子睡二三十号学生。李二平是个鬼头，他往铺板下看了一眼说：“咱们就藏在这里头吧，保证他逮不着。”结果大家就听了他的，藏进去后，还把搬开的箱子柜子原封不动地摆放好，一丝不苟的程度就像地道战中搬开锅下到地洞一样。孙老师在我们寝室转了一圈，接着脚步声便远了。李二平首先按捺不住自己，嘻嘻地笑起来，我们跟着一起笑起来。哪曾料到孙老师藏在门后，进来后厉声问：“谁在下边藏着？”

以后的日子，孙老师大白天拿着手电筒，在各宿舍晃来晃去，谁还能藏得住？大家似乎都害怕他的声音，一听到他的叫嚷，就风声鹤唳。我们班黄忠易学孙老师的声音学得最像，有一次午休还没有结束，他就模仿着喊了一嗓子，吓得同学们胡乱地披上衣服，趿拉着鞋子就往教室跑。

最可怕的是，平时形同虚设的大门开始变得难以逾越。孙老师有事没事就在门房里坐着，好像他又在那间窄憋的门房里支了一张床，我们有苦难言。有一次，我们和李二平以迅雷不及掩耳之势冲了出去，然后往电影院的方向狂奔。结果我们完全低估了孙老师，他竟然骑着自行车追我们，还没到电影院，我们就被赶上了。我们个个颤抖得像被冬雨淋过的小鸡，孙老师把自行车一横，脸色黑沉沉的，也不说什么，我们便灰头土脸地往回走。

有一次趁孙老师没在门房，我们跑了出去，兴高采烈地看完了一场久违的电影后，我们往学校走。走到校门口的时候，李二平给我们打了个手势，我们便敛声屏息地等在边上，他蹑手蹑脚地过去，试探着晃动了一下大门，听到门房里“噌”的一声，窜出一个人影来，然后，是一声最熟悉不过的吆喝，我们撒腿就往街上跑。

李二平领着我们在夜色阑珊的县城大街上转了一圈又一圈，大街上空荡荡的，除了偶尔几个上夜班的工人，整座城像死了一般。路灯全灭的时候，我们转得有些累了，李二平说：“差不多了，咱们回去吧。”我们就开始往回走。这回，李二平又试探了一下，见里边没有动静，他说：“没事了，老孙一定睡实了。”我们就开始跳大门，刚刚跳过去，暗地里突然站起个人影来，冷冷地说：“你们几个过来一下。”

又是孙老师。

孙老师幽灵一般的身影，常常匪夷所思地出现在我们面前，使我们越来越感觉到，一种强大的力量横亘在面前，让我们难以为所欲为。李二平感伤地说：“什么也别想了，学吧。”话语之中透着无奈，还有无法言传的苍凉。晚自习的时候，我们逐渐能够坐下来了，旁骛的心也因为绝望而沉寂了下来。

总之，我们与孙老师的周旋以失败而告终了，虽然当时还有些愤愤不平，但若干年之后，我发现这场失败来得多么及时，让我在几近堕落的边缘踅身返了回来，并且在书籍中寻找到了生活的光芒。后来，我虽然仅考上了一所普通的高校，但在那个考大学非常艰难的年代，也弥足珍贵。现在回忆起来，每一个午后孙老师铿锵的嗓门，都在内心回荡成一种关爱的声音，甚至当时最为切齿痛恨的，他拿着手电筒伏下身子在床铺下找我们的姿态，现在也变得遥远而亲切起来。尤其是他那一夜的蹲守，让我们彻底地死了看电影看录像的心，并让我们的人生道路从此走上了正轨。

是啊，有些东西非得经历了岁月，才能够完全懂得。尤其是自己的老师，当时多少可憎的事情最后会变得那么刻骨铭心难以忘怀，全是因为爱的光辉，在时间的河流中淡淡地闪现了出来，那是一种清浅的粼光，越是经历了岁月，越是清晰和明朗，最后在我们的心灵深处堆积成阳光般的温暖，照耀我们一生。

马德

» 河北省蠡县中学教师、作家。出版《在安静中盛享人生的清凉》《允许自己虚度时光》《当我放过自己的时候》等著作十余部。

荆园深处有吾师

／邱益莲

有人说，人生最美是相遇，不早不晚，在合适的时候遇见你。相逢的美好犹如一支短笛，在月白风清的晚上会自然吹响。一任时光的冲洗，流年似水，往事却弥久历新，在如水的月光里常常将你忆起。

一

荆园春深

罗龙炎

索处匡山麓，春来渐转深。
香樟生嫩叶，新笋上高林。
鱼嗜池边草，鸡栖柳下荫。
枝头莺唧唧，野趣抚孤心。

荆园春深处，池塘垂柳边，立一仙风道骨、鹤发童颜者，乃吾师罗龙炎先生也。

荆园，吾师罗龙炎先生的山居住所。它在匡庐山麓，红瓦白墙的二层小楼，被翠竹、青松、香樟等环绕着，院子外有鱼塘、菜地，环境特别优雅，正如老师的小诗《荆园春深》所描绘的，暮春时节，香樟嫩绿微香四溢，新笋破土节节升高，鸡栖柳荫下，莺在枝头啼，鱼戏水草间。春深的荆园，幽雅宁静，格调绝伦，如在画里，画中的人自是高洁出尘，卓尔不凡。

初识罗老师，是我在匡庐脚下的九江师专读大二的时候。我读大一时，整个1985级中文系只有两个班，每个班将近一百人，当时的师专除了阶梯公共教室能将我们装下，其他的教室根本无法容纳这样庞大的班级。大一那年，我们一个年级两个班就杂居在阶梯教室，我们二班的班主任潘老师是一位比班上许多同学都小的刚从江西师范大学毕业的年轻老师，一班那九十多号人的领班也是个年轻男子，不过比潘老师要成熟。大二时，学校将我们两个班拆分为三个班，我仍留二班，罗老师来做我们的班主任，兼教“当代文学”，自然有结缘的机会。

大一结束后的暑假，有消息称要分班，说是因为班额太大学校不好管理。我们读了一年书，几乎每天都是近两百人在一个阶梯教室上大课，每天上课忙着抢位子，同学认不得几个，与老师也没有太多交流。要分成六十多人一个班，每班就得匀出去三十多号人，会是哪些人出去呢？暑假里我有点忐忑，我不想挪窝到新班去，潘老师虽然还是个大男孩，但是他做班主任我已经习惯了，他除了耷拉着肩膀说一口含混不清的都昌普通话不好懂外，还是挺可爱的，毕竟是同龄人，好打交道，如果我留在原班，就意味着继续跟着潘老师混。潘老师从江西师范大学毕业来做我们的班主任时，不到二十岁，他是1966年出生的，班上年龄大的学生甚至比他还大几岁，他是少年得志之人。暑假过后，我如愿以偿留在老二班，只是潘老师不再担任我们的班主任，我有点失落，也有点惆怅。

返校后的第一个晚上，班长通知到三楼教室集中开班会。一进教室，我发现一个黑瘦的中年男人正在讲台边与先到的同学聊天。我有点好奇，此人是何许人，竟如此放松地在我们的教室里和学生聊天，像这间教室的主人一样，于是就仔细打量了一下：这是个块头不太起眼的爷们，颜值一般，长长的脸，额头发亮，厚厚的镜片，小小的眼睛很有神，嘴角洋溢着笑意，望着我们的时候，嘴巴总是微张着，那笑意使得两片嘴唇合不拢，于是牙齿就露出来了，似有“满园春色关不住”之感。人到齐后，班长就叫大家安静，并向同学们介绍此小个中年男子是我们的新班主任兼“当代文学”课的老师。说实话，当晚他说了什么，我没一点印象，当时对他也没有太多的热情，物是新的好，人是老的亲，总觉得如果对这个新班主任太感兴趣，有点对不住潘老师的感觉。

对当代文学我本来兴趣不大，觉得当代散文无法与先秦诸子散文和历史散文比，诗歌无法与唐诗宋词媲美，小说根本不能与《红楼梦》相提并论，当代文学本身就那么点水准，又能讲出个什么名堂？未上课之前我就有成见，其实也是潜意识里在抵制新班主任吧。

罗老师第一次上课，讲的是伤痕文学。他是从“文革”中过来的人，自然感触比较深；我是“文革”的受害者，自然对伤痕文学容易产生共鸣。这个小个子中年男人，讲课很有激情，性格一点也不像中年人的世故持重，讲《伤痕》《被爱情遗忘的角落》《灵与肉》讲得那么深沉、有激情，特别是对《灵与肉》中许灵均这个人物的分析，一面是富豪父亲的劝说，一面是乡土乡亲的吸引，许灵均最后的抉择是什么，该如何理解这个角色，以及塑造这个角色的意义，老师让我们讨论，还要一个个上台发言，最后老师谈他的理解。他的话听起来很有哲理，觉得他有年轻人的激情，但考虑问题却又很深沉很有智慧。以前上课一直是老师满堂灌，我们在下面一边听一边做笔记，当时中文系流行的顺口溜是：“上课抄笔记，下课读笔记，考试考笔记。”罗老师的授课方式与一般人不同，在当时我颇觉新鲜，竟悄悄喜欢上他的课了。

20世纪80年代中晚期，我们大都从农村来求学，生活的贫困，见识的短浅，很多当代文学作品我们闻所未闻，一旦老师给我们丢点“诱饵”，我们就会疯狂追逐。当时新书很难买到，初涉人世的我们那时对文学的狂热，绝不亚于今天的少男少女们的追星激情。罗老师把舒婷、北岛、顾城等诗人和他们的朦胧诗带进我们的视野时，全班都沸腾起来了。仅凭上课时罗老师介绍的几首朦胧诗，像《回答》《黑眼睛》《致橡树》等，已经无法满足青春四射的我们身心的需求了，全班弥漫着一种叫诗的气氛，我们日里夜里背诵北岛、舒婷、顾城们的诗。“卑鄙，是卑鄙者的通行证；高尚，是高尚者的墓志铭。”“黑夜给了我黑色的眼睛，我却用它来寻找光明。”“如果我爱你，绝不学痴情的鸟儿，为绿荫重复单调的曲子。”这些诗句班上几乎人人会背。当时舒婷、北岛等的诗集，一书难求，我们竟然向老师借书来抄，手抄本的诗集全班没几个人没有的，至今我的书柜里还躺着几本当年抄的北岛们的诗集。不仅如此，当时全班几乎没有人不写诗的，不管写得好坏，第一个读者就是罗老师，他总是满腔热情地一个个批改，写上评语后还要当面点评。记得我当时将自己写的一组蹩脚的诗交给他时，第二天他把本子发给我，上面有红笔批改的评语，这还不够，他还面授半个钟头，说诗歌创作一定要有空灵感，当时我似懂非懂，但是我们对文学的热爱就萌芽于罗老师教课的这两年。

在罗老师的影响下，那时我们都成了文艺青年，对纯文学的热情，高涨到盛况空前，同学在一起聊天聊的都是朦胧诗和小说，谈情说爱写情书，不卖弄几句诗似乎就显得没文化。每天的空余，我们不再闲逛了，而是静静躲在一隅读书搞创作，然后是贴上八分钱的邮票向各大报纸投稿。尽管泥牛入海杳无音信的时候多，我们却从不气馁继续涂鸦并乐此不疲。一日中午，当一向腼腆的邓同学收到《诗刊》的样刊时，平日默默无闻的他，一下子就像范进中举了似的引起轰动，连中文系高一级低一级的同学顷刻都认识了他，他也突然变了个人似的，自信得竟敢到女生寝室找人玩。我的文学梦也是在那个时期种下的，虽然在毕业十多年后才有收获，但罗老师点燃的文学的火种，却在每个学生心里熊熊燃烧，以至蔓延燎原。

一个老师，能让全班学生发疯般地爱上他的课，并在他的煽动下爱上文学，再次兴起手抄本，不能不说是一个奇迹！我有时想，当初老师可能是以传教士的精神来从事他的教育事业，不然怎么那么有激情呢？更不可思议的是，当初我们几乎一致认为罗老师的外形太配不上文学的浪漫了，可是自从上了他的课，大伙竟然越来越喜欢他，甚至忘却了他黑瘦的外形，觉得他越来越有风味，他好像一壶老酒，越陈越香。这就是通常所说的爱屋及乌？因为爱他的课，而看他顺眼；因为他的鼓动，我们的青春热血沸腾！

二

六月，骄阳似火。一晃师专三年竟然就结束了。最后的一个班会，有点沉重，挥手作别的日子就在眼前。午后，我们各怀心事走进教室，不知命运将会把我们抛向何方，工作肯定是有的，但工作环境却有着天壤之别。

抬头，黑板上写着四个斗大的字，加粗镶边，“起死回生”——这就是班会的主题。往常班会的主题都是班长写在黑板上，这次却是罗老师亲自操笔写的。分别在即，罗老师站在讲台上，语调坚定，说了许多话，像个老父亲，大多是对我们的未来寄予希望和嘱托的话。1988年，是风起云涌的一年。罗老师没有说政治大事，只是郑重且忧心地叮嘱我们：“千万不要在浪尖上玩刀子！”多年后想起此话，愈觉意味深长。师者父母心，哪个良师忍心看着自己的学生卷入不测之境呢？

夏日的暑气一天比一天高，大家的愁绪也天天高涨，当时的毕业分配政策，基本是从哪儿来回哪儿去，好不容易读了大学，毕业后可能要回到山沟沟待一辈子，苦闷绝望而又无可奈何，是当时大多数人的心态。罗老师知道我的父母均在“文革”中被迫害而死，对我自是格外照顾。他看我体质弱，形体小，成绩又不错，不忍心看我回到父母下放的乡间去。当他了解到国家分配政策中有对“文革”中受迫害的知识分子的遗孤给予照顾的条款时，不断找学校领导努力为我争取回城的机会。一个满心浪漫的文艺男，平日里雅趣侧漏的人，为了我的工作分配，那时他几乎成了毕业生分配政策研究专家，他隔三差五地到学校找领导游说，据理力争让我留城。等待分配的日子里，我经常住在罗老师家，当时他家是小小的两房一厅，他有三个未成年的女儿，还有年迈的母亲和未成家的弟弟跟着他一起生活，家境自是贫困，可是很长一段时间他让我吃住在他家，和他的女儿们一起睡上下铺。最后，在他和另一个好心人的合力努力下，我终于顺利留在市里工作，在当时这是一件非常不容易的事。

由于受改革文学的影响，分配时我竭力要求到工厂去。可是20世纪80年代末，正是国有企业面临大合并大倒闭的艰难时期，我刚到单位就面临被兼并的窘况，工厂生活根本找不到文学的影子，工作紧张劳累，每月所有收入只有六十一元，过着缺吃少穿的生活，困顿失落得很。穿行在大街小巷，听着满街飘来的“我是一匹来自北方的狼，走在无垠的旷野中，凄厉的北风吹过，漫漫的黄沙掠过”，我就感到自己是那匹孤独的狼，咬着冷冷的牙，却没有遇到传说中美丽的地方。罗老师看我过得清苦，尝试着帮我调动工作改善生活环境，他认为女生还是回到学校教书好，可是当时从企业单位调到事业单位，就像“蜀道难，难于上青天”。几经周折，还是调动无果。

女大当嫁，罗老师又幻想通过婚姻改变我的境遇，于是竟四处物色合适的人，他每次要我去相亲，从来是不动声色让我毫无察觉的。晚秋的一个雨天，罗老师突然来到我在工厂的单身宿舍，叫我到他家去吃晚饭，说师母想我了，我就跟着他回到师专。坐下没多久，竟然有两个男人也来他家玩，一个中年一个青年，中年人是中文系的老师，青年人我不认识，据说是某官员之子。大家在一起寒暄，我当时从车间走出来，连工装都没换，泰然自若回到老师家，那是个像自己家一样很熟悉很放松的地方，也没太在乎那两个人。这样的戏演过好多回，事后老师总是轻描淡写间接试探我对小伙子的感觉，不是我对别人找不到感觉，就是别人看不上我。1989年的端午节，老师又好像极不经意地邀我跟随他全家到他的妹妹家过节，我一个人孤零零，跟大伙过节再正常不过，我也没多想就一起去了。可在这次节宴上，老师还是精心安排了一出戏。开饭的时候，有个陌生男青年加入了聚餐，在老师的努力下，此人后来成了我的伴侣，我终于有伴一起行走，不再需要老师费心了。

罗老师每为我做什么，都显得那么不经意，可背后他花了多少心思，思前顾后考虑了多少回，只有他自己知道。就是自己的亲生父亲，为子女考虑，也不过如此！

那年代好像得意的同学不多，失意的同学比比皆是。毕业后大事小事需要老师帮助解困的人真是太多。有个比我低两级的校友与我在罗老师家相识，毕业后他回到农村中学教书，和我一样虽然工作了但连饭都吃不饱。穷则思变，于是他苦读考上了某大学的研究生。好事多磨，当他去复试时，因该同学长相老诚，加之当时衣着寒酸，一看就像个饱经风霜的农民，他报考的导师只看了他一眼就拒绝了他。那位同学从某城回来伤心欲绝。姑苏城外，寒山乌啼；浔阳江头，风霜依旧。百无聊赖的同学，只好到罗老师家哭诉，罗老师立即给那位教授写了一封长长的推荐信，并将自己的衣服给该同学穿上，让他装扮得体面周到，据说还给了他往返的火车票钱，叫他立即赶往某城再去找那位教授。在罗老师的隆重举荐和恳切哀求下，那位同学终于进到某大学读研，并且彻底改变了自己的命运。

记得罗老师平日闲谈中，总是张扬民主人本的旗帜，随性流露的是文人的清高与洒脱，可是为了学生，在这个人情社会里，他丢了好多清高。

荆园的春天姹紫嫣红，秋日硕果累累，山水相伴中主人犹见风情。退休后的罗老师，在祖传宅基地上盖起了这栋别墅式小屋，和师母在匡庐山脚，过着琴瑟相和、诗情山水的悠闲生活。庐山灵秀，钟毓荆园；长江高远，师恩更长。

园深处，有吾师焉。

邱益莲

» 中学语文特级教师，江西省九江市外国语学校教师。全国中小学名师工作室联盟常务理事。发表教学论文一百多篇，出版专著两部，曾被教育部委派到澳门进行为期一年的中学语文教改实践。

白杨何萧萧

/ 翁还童

一

恢复高考的第三年，我在家乡的民办高中毕业，虽然考了学校头名，却离孙山尚远。这种结果毫不奇怪，从小学到高中，我们读的多是政治读物，再就是开门办学去劳动，上高中时，教我们的老师大多没有读过高中。随着我们这一届学生毕业，这所学校的高中部就被撤销了，成为一所初级中学。

那时农村是大集体，大家在生产队靠劳动挣工分，以工分决算收入买自己生产的粮食糊口，所以每天劳动叫出工。我家六口人，只有父亲和姐姐两个人挣工分，母亲是家庭妇女，两个妹妹还小，父亲年老体弱，和姐姐一样都算弱劳力，如果身强力壮的人劳动一天挣十分，那么父亲和姐姐可能就在六七分的样子。而且，这个底分不是根据工作量来评，而是开会评出来的。好的年成，一个工，就是满十分，可以合算到一元钱，差的年成只有几毛钱。所以，每年生产队年底决算，我们家都是超支户，意思是父亲和姐姐一年到头挣的工分收入不够一家人的口粮钱，或者说我们家年年欠公家的钱。家里劳力多，或者劳力强的人家就是进钱户，他们在超支户面前就是债主。超支户每次去仓库领粮食时，都要遭人白眼，抬不起头来。那时候没有童工一说，农村孩子每年寒暑假都参加劳动，劳动一天算两分。我读中学时劳动一天可以挣四分。那时水稻种两季，暑假抢收抢栽，叫“双抢”，是一年里最为繁忙的时候。割禾、打谷、拔秧、耘禾，一般农活我都会干。我高中毕业那年暑假和往年一样，回家就归队长管，每天都出工。一个星期我就被晒得脱了一层皮，我的日记中写有下面这首诗。

不知是太阳烧着了空气，
还是空气点燃了太阳，
我的周围尽是火。

不知是汗水浸泡了身体，
还是身体化作了汗水，
我的身上全是水。

头上是火，脚下是水，
水与火，本不相容，
在我身上却得到统一。

这实在不能算是一首诗，但这是我学生时代参加“双抢”劳动的写照。农家孩子也有一样好处，就是考不上大学也不用担心就业。生产队长听说我没有考上大学，公开对我父亲说：“这下好了，你家增加一个男劳力，应该可以甩掉超支户的帽子了。”

父母都是寒门小户出身，没有兄弟姐妹，家族亲友中不说干部，连在集镇上住的都没有，村子里也没有一个大中专毕业生。我的青少年时期，招工招干是城里人的专利。当兵是农村孩子唯一的出路，但不是谁都当得上，大多是乡村干部的子弟或者亲友。如今有高考，却没有高中，镇上的高中办不下去撤销了，县城和外面的学校我们又不认识一个引路的人，回乡务农就这样成为铁板钉钉的事。那些日子，我常常听到父母为家中唯一的儿子的前途叹息。

我们村是柘林水库的移民村子，柘林水库后来改名为庐山西海。那时移民没有安置房，都是自己修筑的干打垒的泥巴屋。陶渊明诗云："众鸟欣有托，吾亦爱吾庐。"虽然是座危房，父亲仍在房前栽了许多桃梨果树。乡间有"前不栽棕，后不栽桐"的俗话，又有所谓风水先生说"门前不能栽种桃树梨树"，因为桃谐音逃，梨谐音离。但是在城乡二元体制下，农村人被禁锢在土地上，逃离农村等于是鲤鱼跳龙门，我们正是苦于没有逃离的道路。

父亲栽种桃梨树不为赏花，只把果子作为孩子们的零食。那时每家除了有一点自留地种菜，不能有个人的经济作物。桃梨果子成熟，父亲只是送给左邻右舍和亲友分享，从来就没有拿到集市上卖过。可是这年炎热暑期的一天，父亲向队长请了半天假，一大早摘了一篮青皮梨，提一阵背一阵，走十几里山路，到一个叫鸦雀山的车船码头去卖。就是这一次机会，父亲遇到了少年时代的伙伴，我还记得父亲说他叫杨先拓。故人相见，几多欢喜。沧海桑田，人非物亦非。杨伯伯听了父亲的诉说，满口打包票说："去找翁逢淑，他在彭泽二团劳改农场教书，叫他把你儿子带去补习。"

二

翁逢淑公出生于富贵人家，父亲说，他是逢字辈的，名字出自《诗经》："淑人君子，怀允不忘。"过去的读书人不求出世，但求淑世，有长辈的美好寄托在里面。

我父亲九岁入私塾读书，十三岁时祖父去世，他就辍学了。祖母把他送到镇上升恒茂铺当学徒，升恒茂铺是我们箬溪镇上最大的一户商家，主人就是逢淑公的父亲。那时杨伯伯也在店铺当伙计，是逢淑公的亲舅舅。杨伯伯大我父亲三岁，我父亲又大逢淑公三岁，他们朝夕相处，成为要好的少年伙伴。那几年，可能是父亲生命中最美好的时光，他常对我讲逢淑公家的故事。逢淑公的父亲也是穷苦出身，父母早亡，少年时给别人家放牛，后来到镇上店里当学徒，有一点积蓄后，与人合伙开店，再到自己开店，结交各路人物，成为一方富绅。

逢淑公是家里的独苗，人又长得帅气，家里宝贝得不得了。他少年时较顽皮，读书总是换学校，一会儿进私塾，一会儿进国民小学。附近有名一点的学校，他都去就读过。他父亲送他读书不为求取功名，而是为修炼心性。因为我们乡下俗语说，“久读无顽子”。后来日本人占据箬溪，时局动荡，我父亲回到山村，逢淑公一家也逃国难，到南山里隐居。沦陷区生活恢复后，逢淑公家里仍回箬溪经商，他自己则一直在外读书。家乡沦陷时他在九江读初中，抗战胜利后到武宁振风中学读高中。这个时候，他自己改名翁鹏展，有点要飞出去的志向罢。高中毕业后，他先被录用为小学教师，后又去南昌、长沙读大学。大学毕业后他被分配到樟树农校，不久就被打成坏分子，送去劳改，后来一直就在彭泽二团劳改农场种棉花，一种就是二十多年。

我父亲只熟悉少年时代的伙伴，后面的经历是我后来了解到的。他们一个在外闯荡，一个在乡间务农，日子再也没有交集。后来因建柘林水库，箬溪搬迁，杨伯伯一家和逢淑公家里人也都迁走了，我们多年也就没有了联系。父亲在鸦雀山码头与杨伯伯的偶然相遇，似乎是上天的安排，就那样神奇。找学校复读也不一定就能跳出农门，但是除此之外，我们别无选择。虽然作为超支户，队长不同意我出去读书，但我父亲还是去跟队长请假，也不知他是以什么借口请的假，因为到逢淑公所在村子，来回要两天。

经杨伯伯指点，父亲去找逢淑公。因为是暑假，他刚好在家。那时整个库区只有一艘客运渡船，父亲要走十几里路到码头搭船，坐上两个小时的船到达南岸，然后再走三十多里路到长水一个叫仓下的自然村，去求这个几十年没有见面的少年伙伴，也不知道他在那边的情况怎么样，他不是校长，也不是主任，只是一个在那劳改多年，被抽调到学校的普通老师。求见少年伙伴的过程父亲没有详说，只说逢淑公答应了，要我们筹备好去他那里上学。听说我父亲找到这条门路后，又有三位乡亲去找他帮忙。他都二话没说，一口应承下来。这种古道热肠，是他家的传统，虽历尽磨难，仍然不会更改。

三

那是我第一次出远门，和另外一个本村同学一起去，他父亲曾当过队长，是村里的老党员，可能是托他的福，队长没有以我家是超支户为由阻拦。少年不识愁滋味，日子那样的艰难，挪借无门，家里只得把过年猪提前卖了，凑几十块钱。父亲把我一个学期的粮食从集体的粮仓里称出来，挑到公社的粮管所去，换成粮卡，我才可以到外地学校买到饭票。开学前，父亲和姐姐肩挑背扛送我到车站与逢淑公汇合，这是我第一次看见父亲的少年伙伴。论辈分，他要叫我叔，但是父亲嘱我叫他叔。此后，我就一直叫他叔。此时，逢淑公已经五十多岁，我脑中的一个可爱少年已经满头华发。他瘦高身材，清癯的脸庞，戴一副眼镜，脸上满是沧桑，上身穿一件白色的确良长袖衬衫，下身着黑色卡基长裤，脚上穿黑色塑料凉鞋，身板挺拔。一行人先乘车到九江，沙石土路，班车要摇晃大半天才能到达。到站后买好第二天去二团的票，逢淑公就带着我们几个少年去看长江。我们家乡的江河都是清亮的，可以映照出碧水蓝天，我看到长江这样的混浊，竟很失望，第一次感到成长的疼痛。没有钱住店，逢淑公便带着我们睡在江堤上，看着满天星斗，听着江上往来轮船的汽笛，我对前途充满迷惘。第二天一早，我们乘车前往二团。一路上都是沙石路，两边是高高的白杨，风吹过，啪啪作响。车子很颠簸，好几次把我放在后排的脸盆铺盖摔下来，一个荷花底的新脸盆被摔掉了一块瓷，我很是心痛了一些日子。

二团的全称是江西省生产建设兵团第二团，我们去那里时已经改成九江地区国营芙蓉农场，即劳改农场，但二团已成为此地的地名。车子到达场部，到处都是高高的白杨，往学校去的路上也是白杨夹道，到达学校，仍是遍植白杨，教师宿舍门口和后面都是一排排的白杨树。那时还没有唱遍全国的歌曲《小白杨》，但是中学语文课本里有茅盾的《白杨礼赞》。我第一次看到这么多白杨，秋风一起，叶落哗哗，成为光秃秃一排，实在有一种萧瑟之感。

我那时只懵懂知道，逢淑公就是在这里劳改的，二十多年了，我们去的前一年才到农场子弟学校来教书。

到了学校，我才知道逢淑公的难。一间十几平方米的房子，住了两个教师，他又带了四个学生来，都挤在一起。学校没有安排我们到学生宿舍住，可能是住不下吧。我们四人中，有两个到初中插班，两个插入高二，也就是毕业班。学校拿了几张试卷给我们做，我数理化加起来才考了二十多分，成绩之差可想而知。也不知逢淑公给校长说了多少好话，学校总算让我们都入了学。

那时候，场部的高音喇叭里整天放李谷一唱的《乡恋》、于淑珍唱的《我们的生活充满阳光》等歌曲，学校显得生机勃勃。教我们的老师都是在这个农场劳动改造的地主、富农，以及“反革命分子”“坏分子”“右派分子”，简称“地、富、反、坏、右”。现在看这些身份标签也许觉得滑稽，但在当时都是那么沉重，甚至是要命的大帽子。那些被贴上各种身份标签的人在这里改造了几十年，现在能够来教书，也算过上了一种新生活吧。教我们数学的何老师，是上海人，据说读哈尔滨工业大学一年级时就被打成右派，押送到这里劳改，四十多岁了，还没有结婚。他上课的方式是一面板书，一面对着黑板讲解题步骤，写完一板，让学生看一下，立即擦掉，再写一板。他很少看学生，一见我们班女生，脸就红，推一下眼镜，笑一下。教体育的丁老师是上海体育大学的老师，刚刚参加工作就被打成右派，来到这里劳改，那时也五十多岁了，穿一身运动服，每天早上起来长跑，出一身汗，大冬天也要在公共浴室冲冷水澡。化学老师姓张，是江苏人，教书极认真，讲解极透彻，因为他单身，课余我常到他房间请教。他送一本习题集给我做，我做完，他就一一批改。与逢淑公住同一间房的是教历史的魏老师，厦门大学毕业，五十岁的样子，头发都掉光了。大概是别人介绍，当地有一个孀妇与他谈婚嫁，可是他们却没有地方相聚，一起吃个饭也只能在我们的眼皮底下。所有老师都是大学毕业生，都进入中老年，都是单身在校，好像只有校长是有家室在学校的。我的同学基本上都是农场的管理人员的子女，来自全国各地，他们都有优越感。彭泽当地的只有一个姓查的同学，成绩不太好，后来没有考上大学。还有一个来自湖口的同学，姓纪，人长得秀气，成绩也好，我有不懂的地方就问他，他比何老师还会讲解数学。可惜他迷上黄梅戏，下课就唱，有时晚自习时也轻声哼，听他唱“大哥休要泪淋淋”真是凄美。一个学期后，听说他跟一个剧团跑了，没有再来学校。

学校有个报栏，有个阅览室，那是我第一次接触课外读物，对我们这些读语录、选集长大的人来说，有耳目一新的喜悦。我现在还记得在《人民日报》上读张志新的事迹，和在《诗刊》上读雷抒雁的长诗《小草在歌唱》的震撼。

四

逢淑公教我们班语文。他讲课时一本书拿在手上，总要放到一定的距离才看得清，看下面同学听课情况或提问时则低下头，从眼镜上方看过来。现在我知道他是老花眼，看近处要眼镜，看远处不需要眼镜的。我们同学少不更事，有戴眼镜的同学在他下课后站上讲台学他这个动作，让大家哄笑，开心一下。记得他在讲韩愈的《师说》时，背诵了韩愈的《左迁至蓝关示侄孙湘》，读到“云横秦岭家何在？雪拥蓝关马不前”时甚为动情，也许是触动了心底的痛吧。因为他老婆孩子不在身边，在一座陌生的大山里边，这么多年，家也不像个家，日子过得相当清苦。

我在原来的学校，写的作文都是得奖受表扬的，老师要拿到作文课上来读的，来到他这里，却被批得体无完肤。我读小学初中正是“文革”时期，写作文都是假大空的东西，凡写一句话，都用大而不当的话开头，如在某某某英明领导下，某某某的前面有要三口气才念得完的定语。譬如刚到学校的日记有“人们正捧着累累果实向祖国汇报，向党中央报喜”云云；元旦前的日记则有“伟大的1980年即将来临”云云，大概都是从报纸社论中学来的。他毫不留情地指出我的顽症，要我彻底改变这种文风。为赋新诗强说愁为什么不好，就是因为没有真情实感。所以《周易 · 乾》里说：“修辞立其诚”。我读他在学校宣传栏里的一篇文章，是写参加高考改卷生活的，非常的平实，有时代气息，吐露出他开始新的生活的喜悦和信心。

我不仅在学习上有许多陋习，生活上也像个野孩子。在那样一个极度贫穷又以穷为荣的时代，却也有许多时尚。譬如曾经把红领巾缝成三角裤，在学校水塘洗澡时成为一道风景。还有把白口罩挂在胸前，只露出白线以为美。在家乡学校里，许多学生穿衬衫时，所有扣子不扣，把下摆提起来，在腰上系一下，并以此为时髦。来到这里，我仍然如此，逢淑公批评我多次，说这像个什么，地痞流氓吗？他是那种疾恶如仇的人，虽然被打入底层几十年，仍然有一种师表风范。

场部有面长方形的白墙，是用来放电影的，每周六晚上，学校放一场电影，成为惯例。每到周末，逢淑公就带我们去场部看露天电影，每人提一个杌子，早早去占位子。《一江春水向东流》《虎胆英雄》《三笑》《甜蜜的事业》都是那时看的。看电影成了我们师生最快乐的课余活动。

那里的风特别大，冬天特别冷。学校只有一个公共水龙头，不供应热水。我们的手脚全被冻伤，每天早上用几乎结冰的水洗脸，疼痛难忍，晚上坐在教室里，冷得发抖。下自习后，躺在床上，听寒风嚎叫，无法入睡。

在那艰难的日子里，老师同学给予我许多帮助与温暖。在这里，总算碰上好老师，同学也友爱，不懂的有个地方问，我的数理化基础知识总算补上来了。日子虽然很苦，但也不乏读书做题的快乐。在逢淑公膝下受教一年，我再回家乡报考。那年大中专招生是分开报考的，因为家里没有能力再送我补习，这是最后的机会，为求稳当，我报考中专，总算如愿考上，逢淑公的心血没有白费。自我以后，在20世纪80年代初的几年里，我们这个只有二十几户人家的小山村，考上大中专院校的有八人，其中有一半是逢淑公带到二团补习后考取的。这对他来说也许是很大的安慰吧。

五

逢淑公饱读诗书，可惜只能用来写交代材料。我看过他给我父亲写的信，称我父亲为族公，有“君子成人之美”的句子，觉得很美。那年他母亲去世，我和父亲去吊孝，在他家住了两晚。大门挽联是他写的，上联是：长恨连绵，别子离孙跨鹤去；下联是：水波荡漾，寒光暗影送春来。正是春节过后，还在寒假里，他落户的村子叫长水，触景生情，他就嵌村名做了这样饱含深情的对联。因为觉得他有学问，所以，三十多年来，我一直记得这副对联。

多年后，他终于得到平反，并调回家乡，可惜垂垂老矣，不久就退休。我为衣食谋，很少去看他，只在过年时去拜个年。他儿孙满堂，晚年终于过上了安定的生活。前些年我送上自己新出版的一本作品集，请他指教，他没有和我交流，也不知他是否满意。

逢淑公生病住院的时候，我邀他带出去的几位弟子去医院探望。及至八十五岁去世，我们去送他，不过是尽礼。想到一个人在苦难中，尚不忘救助别人，这种高古情义，急公好义，我们身上还有吗？其后我写成《多少次梦里到二团》发在《教师博览》上，作为一种纪念。我用乡下土话说，大恩不言谢。

我想到，父亲那年暑期去找他帮忙的时候，他刚刚摘掉那沉重的帽子，但是并没有恢复公职，还是一个劳改农场的农工。只不过是恢复高考后，学校需要好的教师，他才被抽调来任教。这样又过了六年，不知经历了怎样的申诉，当时将他送往劳动教养的清江县，也就是樟树农校所在地县委，才发来一张公函，称自批复之日起，恢复翁鹏展同志公职和原工资级别。此时距送他劳教时已过去三十年，他已由青年变成老年，到了退休的年龄。

人不能选择自己的出身和生长的时代，但在那样一个时期，许多人都要为自己的出身和经历付出一生的代价。

六

想念一个地方，是因为想念一个地方的人。我动过很多次去二团的念头，到三十年后才成行。我知道我离开那里后的几年里，老师们都调回原籍了，包括那些管理人员，还有我的那些同学，都离开了那个劳改农场，但我还是想去看一下。记忆里那些白杨萧萧，还有一代知识分子在那里的际遇挥之不去。

从九华山返回的路上，我决定去二团。彭泽县教育局的江炜兄陪我驱车前往。沙石土路变成了水泥路，路上那些高大的白杨树没有了，小樟树还只一人多高。原来场部和学校的建筑都没有了，那些高大的白杨也一扫而光，历史的烟云似乎消散。一位姓何的老师向我们指点学校的历史遗迹，我自然认得它们。想到逄淑公送我的一本《古诗十九首》，有一首《驱车上东门》。

驱车上东门，遥望郭北墓。
白杨何萧萧，松柏夹广路。
下有陈死人，杳杳即长暮。
潜寐黄泉下，千载永不寤。
……

逄淑公让我知道，在中国传统文化里，白杨、松柏都是墓地或者去往陵墓道路旁边的树。所以民间有俗云："前不栽桑，后不栽柳，门前不栽鬼拍手。"鬼拍手就是杨树。苏东坡亦有杨花词云：

春色三分，二分尘土，一分流水。
细看来，不是杨花点点，是离人泪。

翁还童

» 本名翁地季。曾为中学教师，现为公务员。江西省作家协会会员，九江市作家协会常务理事。《教师博览》签约作者。主编《武宁县教育志》，著有文集《无人喝彩》《春过江南》等。

请容我为你深情吟唱

/ 王芳

我素以为，人是生而孤独的，没有谁能永久地停驻在你人生的此处，你将一直一个人行走在路上，直到离开这个世界。那么，这是不是意味着，我们将朋友也拒之门外了呢？有的花儿会在窗台为你连续开放七年，有的鸟会一直在门前的大树上筑巢，有的物品怎么用也不会丢弃，很多时候，不只是你选择了他，他也选择了你。只要你愿意，那么长的人生路，会毫不犹豫地通往最终的目的地，你可能对那些细细的岔道视而不见，而有时候，岔道会比主道更加宽敞，风景更美，你是踏上去呢，还是毅然放弃？这时，站在路口为你指引的人就不仅仅是一朵花一块石头的含义，而是一棵标志性的树，一片奇幻艳丽的云，他要浓墨重彩地出现在你的路上。

对我而言，林武就是会使用幻觉把宽敞的岔道变窄，把湍急的正道疏宽的那个人。她伏在祝融峰顶南岳圣帝庙里虔诚膜拜的身影，一度成为我的图腾，陪伴我度过艰难岁月。

一

十七岁那年的春天，我永远地失去了母亲，夏天，高考失利。两大致命打击给那段时光蒙上浓黑的阴影，也改变了我的性情。我成了一个沉默而桀骜不训的人，对谁都不信任，对什么都提不起兴趣，看什么都带着嘲讽。大学开学前的两个月，我常常坐在埋葬我母亲的山坡上，看远处静静流淌的河，看风吹草叶，那时，万籁有声，唯有寂静可以抚慰我。前路漫漫，迷茫成片，我根本看不见未来——在长眠的母亲身边，我无数次叩问生命的价值，思考死亡。如今回想起来，如果不是有足够的韧性，我可能等不到林武，这个既是母亲也是姐姐的人出现。更为神奇的是，无论她在我的生命中充当什么角色，都带着一个“亲”字，而她，却与我的任何亲人没有丝毫瓜葛。

九月，我的父亲在向许多亲人和朋友信誓旦旦地表示一定尽早偿还债务后，我带着行李步入大学校门。在入校那一刻，我满心忧伤但又踌躇满志，我确定那是新生活的开始，它将带着我奔向宽阔的流域。但是，我该如何度过那缺钱少粮的若干狭窄弯道呢?

在这样的忧虑中，我开启了家教生涯，在辛苦劳累中度过一年。这一年里，有道不尽的酸楚，也有说不完的人间百态，我没有想过，我与林武的扭结，竟然是在“家教”这样一件我以弱者姿态出现的事情上。

1996年夏天，滔天的洪水淹没了我的家乡，我家的房子连同房顶在洪水中浸泡了一个多月，我们一家在地势较高的山丘上日晒雨淋了两个月，因此，我回到学校时，黑瘦得不成人形，且身无分文。为了生存，我每天中午给学校团委书记的小孩喂饭，晚上给校门外鸡汤面馆老板的患了出血热的儿子补课，除了在学校听课，我全部的时间都用在养活自己上。而隔壁寝室的女生一天到晚欢歌笑语，逃课的逃课，跳舞的跳舞，没有谁为生计担忧。偏偏愈是这样无忧无虑，上帝愈眷顾，她们就连找家教也能找到比我好得多的人家。

深秋的某天，朱红在她的寝室里绘声绘色地讲着她做家教的故事。“她读的是重点大学！她坐在旁边听我讲了一上午的课！她给我打分！她对我提各种要求！她的女儿还只读小学三年级，她就给她设计好了未来……”朱红连珠炮似地描绘着请她做家教的女主人。要知道，二十年前，请家教的固然有，却很少有家庭的母亲是高学历的，对家教老师也不存在面试这一说法，都是请到家里就可以了，毕竟那时的我们都是极为廉价的劳动力。

朱红描述时，声音尖锐，手舞足蹈，仿佛她下次一定不会去了一样。但是，说到最后，她说了句“不过她家的糖果品种真多，非常好吃”，我便断定，她依然会与那个女人有交集。我没有料到的是，朱红与她的相遇，只是为我的人生创设一种可能。

二

冬天大雪纷飞的时候，朱红去一趟市里要花去她的整个周末，而我们，有的在图书馆里度过清冷冬日，有的窝在寝室里看书吃零食，我呢，还在给鸡汤面馆老板的儿子辅导功课。时日漫长，各自安稳，再没有人好奇那家苛刻的女主人给朱红出什么难题。直到有一天黄昏，朱红尖叫着冲进我们寝室，对刚坐上床的我叫：“喂，下周随我去趟市里！”我满带疑惑地望着她，她说：“林武阿姨想见你。”

一时间我完全糊涂，她怎么知道有我这样一个人？朱红昂头说：“人家看上你的文章了，还记得不，有次让你帮忙改了一篇演讲稿，那是她女儿的，她女儿通过这个稿子获得了全市演讲比赛一等奖，而她当初请了几个人修改稿子，她最终用了你的才一举获胜，她不知道夸你到什么程度，说一定要见见你。”

我想起来确有这么回事，既然她在文字上如此认可我，那我就去见见她也无妨。当然，我并没有预想见面后会如何，只是单纯好奇究竟是什么机缘使这个苛刻的中年女人成为我的文字知音。

在林武说想见我的第二个周末，我与朱红来到市公安局大院，朔风吹着枯叶满地翻滚，寒冷侵骨，使人的头和手都不自觉地紧缩起来。在一栋五层的大楼门口，朱红立定："就是这里啦，五楼，你自己上去，不要怕，她其实除了严格严肃其他都好"，说完她诡异地笑了笑，就走了。我一步一步地上着楼梯，心里还是忐忑，当时感觉自己是一头被牵到市场上看牙口的牲口，等待着被牵走或是被宰杀的命运。

门虚掩着，我敲了敲，推开进去。这是一套不超过五十平方米的两室一厅一厨一卫，布局紧凑，东西较多。我叫了一声"林武阿姨"，从厨房里走出一个人来，微胖，较矮，短发，大眼，走路四平八稳，仿佛一尊佛相。"女菩萨"，莫名其妙地，我在心里喊了一句。见到我，她脸上立即浮起了笑，她的牙齿随着笑露了出来，颗粒不大，每一颗中间都隔着宽宽的缝，使她看上去温和而俏皮。她虽算不上很美，但一眼望去，精气神一个劲地往脑门上串，她不算年轻，但绝对不该是我的阿姨级别。这个印象直接让我在下一次叫她的时候改口成了"林武姐姐"。

她端出一大盆花花绿绿的糖果，坐在桌边，开始与我谈话。我们当初说过什么，在二十年后的今天，我已经无法复述，印象模糊，但我清楚地记得那一大盘糖果只剩下一堆糖纸的画面，从她家五楼阳台往下看的交错铺设的电线，以及她送我出门时说的那句话。她说："无论如何，请你每周花半天时间给我女儿上课，我一个月付你一百元钱。"

我当然会答应，那时，我做别的家教，每周上两天课，也是一个月一百元钱。但隐隐约约中，我知道，我不只是为了这一个月一百元钱答应她的，还有什么别的因素，我至今也说不明白。

三

从那以后，我多了一份工作，每周到市里给林武的女儿琛上课。为了让我多挣一点生活费，林武将他们刑警大队的大队长介绍给我认识，让我在周末剩下的一天半里给他儿子辅导，这样，我所有放假的时间都有人请上课，我一个月多出了两百元。从大二开始，我便成功地养活自己，还有能力顾及我的父亲。

琛是一个非常聪明的女孩，她的功课总是在同龄人中遥遥领先，林武让我做的，只是对她的写作进行梳理，引导她阅读。那时的我只是中文系一个稍有学养的普通学生，因为高考失误我自卑得几乎不与人交流，除了默默地写几个字还有什么可取之处！可是，在重点大学中文系毕业的林武面前，我只是在一次对演讲稿的修改和一次吃完所有糖果的谈话中，便成了她眼中一定可以大有成就的才女。她每次和我说话，用语都非常尊敬，她从来不因为年长而对我抱以俯视的态度，去直呼我的名字，而是一直尊称我为“王老师”。那时，我只是一个学生，在她眼里，就已经是一个很出色的老师了！在后来为师的许多年里，我多次想更换职业，但只要一想起她那虔诚膜拜且对我取得成功的笃定信任的眼神，我总是会不自觉地动摇。

高级别的教学一定要遇到高级别的学生才行，其实师生之间在某种程度上也是一种对手关系，对手的力量越强大，彼此越能够从无形中提升自己。林武自身的学识和对教育的重视已经使琛在小学三年级的时候就显现出过人之资，而琛天生的思维与记忆能力本就超群，这使她学东西比一般的孩子要快，要深，用一点点普通的知识根本就糊弄不了她。为了让琛能学到更多的东西，得到真正的进步（这里面除了为师的因素，当然还有为报答林武知遇之恩的心情），我开始大量翻阅各类文学和哲学作品，并且认真对待每一次辅导，研究各种写作方法，将给琛上课的反思写成日记，每个月总结一次，我的教学，在与琛的探讨中螺旋式前进。林武不会看不到我的用心，据她自己说，她甚至也常从我的讲课中受益。

我不知道现在做家教的大学生有多少人会从家教过程中获得教育与教学知识并促使自己进步，但我知道我在这其中付出了多少劳动。因为我不愿辜负林武的信任，且在研究中慢慢发现写作本身更大的乐趣和教育中师生共赢的魅力，所以我在以后的岁月中无论遇到多大的困难都没有厌弃教育事业。我曾多次想推掉林武付给我的工资，以报答她把一个绝顶聪明的孩子给我做实验品的恩情，但她又怎么肯呢？我只能更加用心地投入对琛的教育了。

有一段时间，我给琛讲课，林武坐在一旁认真地做笔记。她身边总是有一本笔记本，上面密密麻麻地记载着各种她计划要做的事，也登记着各种重要人物的联系方式。她拿着本子，一项一项地写着，一个号码一个号码地存着，这成为她延续一生的生活方式，而将事件记载于本子上的习惯，在多年之后，也被我不知不觉地践行着。我有时甚至感觉，失去母亲后与她在一起生活，使我渐渐成为了中年时代的她。

在我读大学的剩下的日子里，我名义上是给琛当老师，事实上是以林武为老师，接受着失去母亲后突然断层了的生活习惯与思维方式的教育，也耕种着无法复制不可替代的情感。

剩下的日子是两年。这两年的夏天，我父亲因我结识了林武，发现了一个很好的商机，他一到夏天卖西瓜的时候，就拉一车瓜到公安局大院里。林武见我父亲来，便吆喝所有的居民出来买，她在大院的影响力在那一时刻完全显露，凡是被她叫到的人没有不来买上几十上百斤的。烈日当空的正午，她顾不上微胖身躯上的涔涔汗水，在转角处百年老树的树荫里，对着每一个她熟悉的人微笑，一直坚持到最后，才叫上一家人把她买下的西瓜一个一个搬上五楼，这个画面，无论过去多少年都不会从我的脑海中淡化。她自已当然是买得最多的，一分钱的价都不讲，往往一次就买三百斤，放得满屋子都是，总是还没来得及吃完，西瓜就坏了，可到了第二年，她又一次性买三百斤，又任它们吃不完烂了丢掉。

二十年后的夏天，已经没法大量种西瓜的父亲仅收获了一千多斤西瓜，摘瓜的时候他忽然问我，“你那个林武姐姐要西瓜的话，我现在不要她的钱了，你打个电话问问?”

四

随着时间的推移，林武对我写作能力的高度肯定和对未来的推断令她情不自禁地向每一个她认识的人推荐我，而琛的表现更是令所有人都竖起大拇指，她的聪慧在我后来所教十几年的学生里极为罕见。因此，大学还没毕业，我就在公安局大院里租了一间教室，办起了市里第一个作文班，一个学期后，我的学生就爆满了，这大大缓解了我的经济压力。毕业前夕，我面临就业，那时候国家还分配工作，因为眼前的道路如此宽敞，市区的就业环境如此诱人，我不想服从分配去乡村中学任教，考虑脱离体制去做私人教育。

那时候我已经将林武视为娘家的姐姐，或者母亲，就业通知来时，我拿着通知书去问她，她坚决反对我不愿去乡村中学的态度。她说，“不管是怎样的穷山恶水，你都应该到一个团体中去历练，没有经历，就不可能有进步，哪怕你摔得鼻青脸肿，哪怕你又一次山穷水尽。但你年轻，一定会有繁荣昌盛的机会，如果现在就脱离体制，谁会教你那么多应对复杂情况的方法?”她的一番话让我如醍醐灌顶，我提起行李，离开繁华都市到需要六个小时车程的穷山恶水之地，开始我的教育生涯，并在那里工作了三年。三年里，林武的丈夫一路升为另一个县的县委副书记，成为最年轻的县委领导班子成员，林武则每个周末都带着琛千里求学，来到我所工作的鸟不拉屎之地，给我带来丰富的物资，以及繁华都市的问候。我至今都不明白究竟是什么原因使她对我如此青睐，为了对得起她的倚重，我更多地翻阅书籍，对各种作文写法进行深入研究，以使自己不至于江郎才尽，能自如地应对那个绝顶聪慧的女孩。

三年的乡村教学经验，真的使我终身受益。除了那里宁静而优美的乡村环境使人心情愉悦，我还积累了许多应对各种棘手问题的经验，这使我后来到城里后游刃有余。而艰苦的生活环境再次磨砺了我的意志，使我处变不惊，无论怎样的艰难都能坦然度过。林武没有错，只有历练，才能使人成长，既然是历练就不应怕它有多艰苦。

三年之后，林武再来看我，问我愿不愿意跨县应聘进入她丈夫所在县的一中教书，如果想，就去报名参加考试，一切公平公正，她能为我做的，就是保证公平公正。她强调说："我不做违规之事，但我可以保证公平。"我深深懂得这句话的分量，社会上的不公太多，公平就成了奢侈品，如果能秉持公平，我即便不成功也绝无遗憾，想到这一层，我就毅然去应聘了。最终，我以第一名的成绩顺利进入南县一中。

林武家的桌子上总是堆着《论语》和《孟子》，偶尔她会和丈夫女儿谈谈庄子，她说不透彻的时候就让我说，我说的时候，她便拿出小本子来，全神贯注地做笔记，好像一个小学生。大学几年，我正好做的是古代文化研究，如此一来，事事皆可讲得通透，林武每到不能会意之处，经我一说便通，后来，她给了我一个最高的评价："可以为帝师"。

如果不隔着岁月回望，我们永远不会知道一个人的鼓励在当时会创造怎样的未来，只有当你终于走上她所鼓励的道路，你才知道，那个路口上指路的标，就是一句简单而温暖的话。

五

后来几经辗转，转眼又是十年。随着琛考上大学，我的工作日渐忙碌，我与林武相见的日子逐渐减少，有时候一年都只见一两次面。但我明显感觉到，当我行走到林武当年见我的年岁，我的处事风格与为人态度都与她极为相似——我在不知不觉中模仿着这个影响了我命运的人，如今她已老去，而我正在欣欣向荣。

2015年冬天，我校一位老师不堪病痛折磨跳楼自杀，那是琛的高中语文老师。林武得知消息，匆匆赶到殡仪馆，默哀，抚慰家属，家属很惊讶，作为一位多年以前的学生家长，她竟如此重情义！她不以为意地说："琛在外地工作，无法回来，做母亲的应该代为表达哀悼，也算是表达对老师的尊敬。"此时林武老去的身材越发矮小，秋风中，暗色的衣服使她看上去精神也不太好，我一路扶着她，心里有些湿答答的。然而，林武一生极少流泪，她又怎么愿意见到我的难过？何况，我为她难过，并不因为她比我弱，她依然地位高贵，强大无比，只是岁月剥夺太多，容颜，锐气，还有从前别人对她仰视的态度。

几年前北京大学研究生毕业的琛在林武做了多次思想工作后回到湖南农村，在基层工作了三年。林武一意孤行地将女儿拉回身边的行为，受到亲人巨大的质疑甚至激烈的反对，她顶住责备与反抗，长时间沉默。那段时间她几乎众叛亲离，毕竟琛完全可以留学，或者留京，在世人看来，阳春白雪才是琛应该过的生活，但因为林武的固执，她改变了琛可能更辉煌的人生轨道。想起这些，在秋风中，我紧紧挽起了她的胳膊。要知道，现在的琛，已经在湖南省政府工作一段时间，凭着基层工作的经验，加上母亲常年来严厉的家教，以及自身的聪慧，超高的学历，不到一年，就受到多次表彰，她的前途一片光明。直到此时，林武才从众人不可理解的目光中挣脱出来，再次获得理解与尊重。

我扶着她，那些受到她坚定而近于固执的性情的影响，成为现在的我的幽微细节再一次扑面而至，零碎的片断如同光照，在黯淡的青春里，成为我前行的力量。那年，我怀胎八月，她接我到她家里住，从未做过饭的她，亲手为我煲红枣猪肚汤，一整晚一整晚地照看我，这份情意曾让我涌起过"肝脑涂地"的冲动。要知道，在成长的关键时刻，她影响了我的价值观，决定了我的人生道路：我曾亲眼见到她退还红包，也亲耳听到她与狡猾的小贩为了十块钱讨价还价，还常见到她对门卫室的大爷笑脸相迎，将年节的礼物送给他们，与食堂的职员称姐道弟，她用她的行动告诉我什么是“包容”和“原则”。那时的她对尴尬之事大笑而过，对违纪之行断然拒绝，对复杂关系假装糊涂，对女儿教育常抓不懈……

这时，她说过的关于人生的一句话，浮到了岁月之河的面上，撒下满河碎金。

她说，“岁月流逝，河沙终会入海，只有真正的金子才会留在河底闪闪发光，大浪淘沙，你要成为发光的那一个。”

直到今天，我也不知道自己是不是“发光的那一个”，但可以确定，我正行走在成为“发光的那一个”的路上。此时见到她，这个决定了我命运走向的人，我想矫情一次，为她深情吟唱一回。

王 芳

» 湖南省益阳市第一中学高级教师，湖南省作家协会会员，《教师博览》签约作者。在《北京文学》《散文选刊》《读者》等杂志发表作品若干，出版散文集《聆听遥远的呼吸》《彼岸风吹》《故纸素心》等。

有一种怀念叫永远

/ 涂国文

他离开我们已经快二十年了。

我离开他一手创建的学校也已经整整十二年了。这十二年来，我在多家高校报刊社、文化公司、省作协少年作家分会、省出版集团期刊总社和某大型图书公司之间辗转，并且重新回归文学，先后出版随笔集、中篇小说集、文学评论集和长篇小说多部，一部新诗集也即将出版，人生也可算是迈上了一个小小的台阶。

然而，近二十年来，我却常常不由自主地想起他：想起他魁梧的身形，想起他或严厉或慈祥的眼神，想起他或严肃或和蔼的话语，想起他长满老年斑的大手……每当想起他，我心里便会油然而生敬意，同时，一种生活的虔诚感，便会重新占据我的心房。

他，就是著名教育家、全国名校长、原全国整改委副主任、原浙江省民办中小学协会会长、原杭州市天长小学校长、杭州西子国际实验学校的缔造者——李承龙先生。

我与李承龙先生共事不到九个月。1996年8月，我从江西应聘到刚创办两年的杭州西子国际实验学校工作，成了李承龙先生的一名属下；1997年5月23日，年逾七旬的他因积劳成疾，突发脑溢血，倒在工作岗位上，永远离开了人世。

1994年，退休多年，然而“老骥伏枥，志在千里；烈士暮年，壮心不已”的李承龙先生，怀着一颗对教育事业无比眷恋和热爱的赤诚之心，寻求到浙江省建工集团海南分公司的投资，在浙江省特级教师宋寿朝、杭州西子国际实验学校首届行政领导班子成员边建平、郜晏中、焉建新等先生的“辅佐”下，选址于杭州西湖灵山风景区的姚家坞村，创办了杭州西子国际实验学校。

我加盟杭州西子国际实验学校的1996年，正是学校发展史上最鼎盛的时期。生源遍布全国和世界各地，前来参观的名流俊彦、同行访客穿梭往来，络绎不绝。作为浙江省民办中小学协会“掌门人”的李承龙先生，作为浙江省民办中小学“大哥大”的杭州西子国际实验学校，一时成为教育界和社会各界关注的焦点。

从1996年8月起，直到2004年秋天我应聘到某高校杂志社任主编，我在杭州西子国际实验学校一直坚守了八年。我之所以能如此坚守，除了贪图从市区到学校沿途的迷人景色之外——这条路是西湖南线景区的黄金旅游线路；更主要的，是为了守住心中的一份承诺——生者对一位死者的承诺。

1996年5月，我和妻子接到杭州西子国际实验学校通知，从江西赴杭州试讲。听我们课的是主管教学的副校长边建平和教导主任、浙江省特级教师宋寿朝先生。听过我俩的课后，他们均给予四字评价——“功底深厚”，决定双双录用。就在这天中午去学校食堂吃饭的路上，我们第一次见到了校长李承龙先生，不过因为距离太远，我们只看见他魁梧的身形，没能看清楚他的相貌。

哪知在我们回厂办停薪留职手续的时候，主管我们职工子弟学校的厂党委书记硬说我们是“人才”，坚决不同意放行。为此我与他大吵了一通，甚至还拍起了桌子。看我去意已决，厂党委书记最终只好妥协，但仍然卡住我妻子。我只好先一个人赴杭州。

到杭州西子国际实验学校正式上班后，李承龙先生每次在路上看见我，都要停下脚步来问："你爱人什么时候能来啊？早一点叫她过来！年轻人还是在一起好！"有一次我把自己同工厂党委书记吵架的事说了出来，李承龙先生听了后说："年轻人不要太冲动啊！你应该好好同他说嘛！你同他吵架，他当然不放了，换了是我，我也不会放！"他语重心长地劝我回江西后再好好同厂党委书记说说，争取早一天让我妻子到杭州来。

我在江西工厂时，业余时间一直写诗歌和新闻，也系统地自学过新闻采访和报刊编辑知识。去杭州试讲前的那段时间，我以请事假为名，瞒过学校和工厂，偷偷地到南昌一家杂志社上班，因工资太低，遂决定漂泊。到杭州后，我发现学校尚未创办校报校刊，便向学校主管宣传的副校长郜晏中先生提出创办一份校报的建议，建议了几次后，学校领导便决定由我主持，另一位大学退休副教授刘刚先生协助我，正式创办一份校报。第一期校报领导给取了个"西子学校校报"的报名，后来在我的强烈要求下，从第二期起，更名为《西子苑》——为了更名这件事，我还专门向李承龙先生打了个长篇报告，充分陈述更名的理由。

办第一期校报时，没有现成的资料，李承龙先生把我叫到校长办公室，对我说："你需要的资料，都在我这间办公室里，你要用尽管翻就是了！"说完，交给我一把办公室的钥匙。为了不影响他的工作，我白天没有去过他的办公室，都是晚上去的。我在他的办公室足足泡了五个晚上，总算把第一期校报如期编出来了。郜晏中先生把我的设计样稿送到印刷厂时，制作人员对他说："这个人是懂报纸的！"

有一次，我在学校图书室的走廊上碰见李承龙先生，他把我叫住，打开手中一本很大的嘉宾题字本，问我："你知道'铸颜雕宰'这个词出自哪里吗？我查了很多词典都没查到！"我一看，原来是原中国人民大学常务副校长林岗先生到我们学校访问时留下的题词。我想了许久，也回答不上来——不怕汗颜地说，我那时是第一次见到这个词。于是我支吾着说："会不会出自韩愈的文章？这四个字，应该是陶铸人才的意思啊!”“意思我知道，就是培养人才。我现在想知道的是这个词的准确出处！你忙去吧，我下班回家后再查查!”李承龙先生说完便走了。那一刻，我感觉两颊发烫，为自己的才疏学浅，为李承龙先生的不耻下问，更为他对知识的执着精神。

不知后来李承龙先生到底有没有查到“铸颜雕宰”的出处。我只知道，等我几个月后终于查阅到有关资料，想告诉李承龙先生时，他却已长眠于九泉之下——这于我是一个永远也无法补救的遗憾！今晚，我要把我查到的资料，用键盘敲在我的这篇文章中，以告慰李承龙先生的在天之灵——

“铸颜”一词来自西汉杨雄《法言·学行》：“或曰，人可铸矣？对曰，孔子铸颜渊矣。”谓陶冶人才；“雕宰”一词来自《论语》：“宰予昼寝，朽木不可雕也。”谓人还要雕始可成材。

我们中学部主任退休前是地方政府督学，可能做官做久了，比较喜欢被人拍马溜须，而我们很多老师偏偏不爱这一点，他颇为忌恨。有一次，该主任到李承龙先生处告九位老师的状，除了三位老教师，其余六位都是年轻教师，包括我在内。李承龙先生未待他把话说完，一句话就把他给顶了回去：“老X啊，学校光靠我们这几个老头子老太婆总不行吧，年轻人有缺点，我们老同志要多帮帮他们啊!”

李承龙先生对年轻教师特别爱护，然而对我们的工作和生活要求也极其严格。那时我们学校对环境卫生要求相当高，每天各班教室的门窗、玻璃都要擦得一尘不染。记得有一次，我班有个学生因病请假，偏偏我忘了这位学生当天值日负责擦窗户，因此也就没有安排其他同学顶替。第二天下午，李承龙先生从我班教室门外经过，他用手指轻轻地蹭了一下玻璃窗框，发现有一层薄薄的灰尘，把我从教室里叫出来，脸黑得可怕，劈头就是一句：“你是怎么搞的?！连这点小事也做不好!”我的脸霎时红了一片，当时真是恨无入地之缝啊！不过奇怪的是，尽管挨了李承龙先生的骂，但在我心里，却是挺服气、挺舒坦的。

到杭州前，我在江西一家大型国有企业工作，厂里的电费和水费都非常便宜，因此平时用电用水大手大脚惯了。有一次，我正在寝室楼下的卫生间洗衣服，水哗哗地流着，冲着盆里浑浊的洗衣粉水。这时从我身后伸过来一只长满老年斑的大手，把水龙头拧小了许多。我回头一看，原来是李承龙先生。我再次闹了个大红脸。李承龙先生一句话也没说就走了，我却一个人在水池边傻站了许久。此后长达数月，每次洗衣服时，我都会条件反射般地想起李承龙先生那只伸过来的大手，自觉地把水龙头开到适当的位置，不敢有丝毫浪费。这种习惯，我一直保持到今天，今后也将会永远保持下去。

李承龙先生把自己的全部精力都扑在了他创建的这所新型学校上。他从未完整地休息过一个节假日，每个周末，他都让司机开车送他回学校转转，这里捡捡，那儿弄弄，有时看见卫生间里的便池堵塞了，也要亲自找来棍子捅通。即使是春节放假，隔上几天，他也要从市区回到学校看看。他喜欢吃煮年糕，平时上班，每天中午与我们一起在学校营养餐厅吃饭时，都要让厨师为他煮一大碗年糕——这是我与他共事九个月，看到的他搞的唯一的“特权”。

李承龙先生把杭州西子国际实验学校当作他的教育理想的实践基地来经营，他完全秉承着一位职业教育家所具有的高度的社会责任感，推行他心中的教育鸿图。面对部分教师对学校“来者不拒”的招生政策的不解和非议，他常常在教师大会上动情地说：“后进的学生也有接受教育的权利。现在国家的教育资源紧缺，这些学生如果我们拒绝接收，他们就会流入社会，极有可能走向犯罪道路。我们把他们收进来，帮助他们安然度过这段危险期，他们今后就有可能成为对社会有益的人……”

李承龙先生奉行的教育理念，是百分百的素质教育。“人人有才，人无全才；扬长避短，人人成才！”在这一育人宗旨的指导下，学校首创了“身心自强，言行自律，学习自主，生活自理”的校训，设计并推行“学科课程”“生活课程”“活动课程”“环境课程”相结合的校本课程，并且在浙江省率先实施“小班化教育”（遗憾的是，李承龙先生意外辞世后，学校“政局”急剧震荡，频频易帅，“小班化教育”研究工作就此中断，“小班化教育”的首创权旁落杭州市另一所小学之手）。学校针对学生不同特点组织开展的兴趣活动，特别是兴趣英语和三大球类，在各类比赛中频频获奖，享誉一时。

从当时杭州西子国际实验学校聘请的办学顾问阵营中，我们可以窥见这所学校当年的风采：

总顾问：著名教育家吕型伟；艺术顾问：著名音乐家周大风；体育顾问：原中国男排主教练冯正海、原中国男足主教练高丰文；营养顾问：国际营养学会副主席朱寿民；法律顾问：著名律师曹星……

然而，令人扼腕的是，正当杭州西子国际实验学校顺利完成“把学校办起来”“把学校办下去”这两个阶段性目标，即将转入“把学校办好了”这个新的战略阶段的关键时刻，学校的掌舵人李承龙先生却猝然倒下了！“李校长是累死的！”——所有熟悉李承龙先生的人，特别是我们这些跟着他战斗、看着他倒下的老部下们，无不这样悲痛地说。

李承龙先生的遗体被火化前，灵车把他载回了杭州西子国际实验学校。他静静地、静静地躺在灵车上，绕校园一周，同他一手创建并且最后以生命相许的学校，进行最后的告别。学校全体师生肃立道路两旁，恭迎他们崇敬的老校长最后一次缓缓地、缓缓地进入校园，又恭送他缓缓地、缓缓地永远离去……人们无不痛哭失声，夏日的西子苑里，上演了类似于“十里长街送总理”的悲恸一幕……

过去我一直不相信“谶语”之类的说法，认为它荒诞不经，然而李承龙先生的逝世，却使我对它半信半疑。

1997年7月1日，是香港回归祖国的日子。为了迎接游子香港的百年归航，我们学校同全国很多地方一样，1997年元旦这天，在行政楼

"西子阁"前的草地上，矗立起一块迎香港回归的倒计时牌。不料2月19日，中国改革开放的总设计师邓小平同志逝世。为悼念邓小平同志，学校把倒计时牌蒙上黑纱，贴上了小平同志的画像，并且从画像旁，拖下两条粗粗的长长的白布，一直拖到草地外面的水泥路上。因为"西子阁"的位置在学校进门的左侧，从远处看，就好像整个学校都在戴孝。当时我一见，心里就"咯噔"了一下，有种不祥的预感，但心里到底恐惧什么，却又说不出……

李承龙先生逝世后，我常常想，根据李承龙先生对杭州西子国际实验学校的贡献，学校董事会真该为他在校园里立一座塑像。然而我不是决策者，另外从本质上说，我也不是一个好事者。因此，这个想法就一直埋藏在我的心头，不曾向任何人提起过。我只是想，为了报答李承龙先生曾给予我的那份关怀、那份爱护、那份鞭策、那份垂范，我一定要好好工作，为他所献身的杭州西子国际实验学校的发展壮大，尽我一分绵薄的力量——这就是当时的我在心里对逝去的李承龙先生所许下的无言的承诺！

尽管一直到现在，李承龙先生的塑像并没有在他所创建的杭州西子国际实验学校的校园里竖起，然而在我的心中，却早已矗立起李承龙先生这位人民教育家、可亲可敬的老校长的一座不朽的精神丰碑！

敬爱的李承龙校长，和我已经辞世四年的老父亲一样，永远是我人生中最关键的人。

有一种怀念叫永远！

涂国文

» 作家，原《少年作家》主编、《作文新天地》主编、《中学语文报》总编、《语文周报》浙江版总编。曾为中学语文教师，现任职于教学月刊社。著有诗集、随笔集、中篇小说集、文学评论集、长篇小说多部。

魏书生，我教育生活中的重要他人

/翟运胜

最初知道魏书生老师是在1999年的一次活动中，主持人介绍他很少上课但所教班级的考试成绩却很不错，当时我心里暗想："老师不上课学生都能考好，这一定是天方夜谭。"2001年我学会上网，无意中搜到魏老师的一个视频讲座，讲如何教学，如何对待人生，我随便看了看，立即被魏老师吸引住了。

在2002年以前，我就像他所描述的那样"精神漂泊、灵魂流浪"，不想做教师，却没有什么生存之道，要做教师，又对一些现象不满，把前进道路上可能出现的困难想象得比天都大。魏老师讲后进生之所以差，主要是小事不肯做，大事做不来。这话让我很有感触。在当时社会大环境的影响下，我也曾有一段时间耽于幻想，彷徨迷茫，不肯做小事，大事做不来。这样"精神漂泊、灵魂流浪"的状态使我的专业发展曾一度停止不前。为了让自己不再"流浪"，我决定听魏老师的话老老实实地做一名小学教师。定下心来后，我感觉天地一下子宽阔了许多，迷茫与虚无被吹得烟消云散了。

魏老师说，"多干就是占便宜"。在这个干多干少一个样的大环境中，实践"多干就是占便宜"在很多人看来确实有些呆傻，但"多干就是占便宜"其实是一种发展的眼光，是一种着眼于未来的生存之道。这是我经过多年的实践才悟到的，因为多干就是在时刻做一个有准备的人，机遇往往垂青有准备的人。认同了这句话，我没有拒绝学校把绝对够分量的任务压给我，反而很庆幸，我有更多的机会来提高自己的教学素养，提高自己治疗“疑难杂症”的能力。

小学刚开设英语课时，我不但要教数学，还要教英语。刚教英语时，我没有任何经验，只好搬出本科自学时的教材，找一些期刊摸索着教。在教学生的同时，我也复习了一些英语知识，那感觉真好！以后学校逐渐有了专职英语教师，我才不再教英语了。

接下来，科学课被纳入到考试科目中。科学课非常难上，需要准备大量的实验材料。我主动请缨，在教数学的同时，又教起科学课来。有的同事竟认为：这个人脑子是不是有病？这么多差事躲都来不及，哪个呆瓜还自愿多上课呢？

在我校，班主任一般是由语文教师兼任，而补贴费每月仅12元，在当时勉强能买到一斤猪肉，这依据的还是1979年国家制订的相关标准。班主任工作需要教师付出大量的心血，且要承担各种风险和责任，因此极少有人主动去做，学校每学期都有不少语文教师提出不愿做，学校每学期安排班主任工作都很为难。我却主动要求当班主任，因为“多干就是占便宜”这句话始终在我的脑海中回响。我认为当班主任会有更多的机会与学生接触，更利于学科教学，更利于快速提升自己的专业素养。

由于与学生接触较多，我便记录起与学生之间的琐碎故事。现在每当闲下来，阅读当时写的文字，都有一种甜蜜与满足感涌上心头。岁月也许让这些小事在孩子们的头脑里消失得无影无踪，但孩子们的童年却永远留在了我的日记里，也许这些尘封旧事会成为一些孩子成人后寻找童年的宝贵资源。

2005年10月，学校的一位教师要评市优质课，教学中需要一个动画课件，但整个学校没有人会做课件。我带着他到县城一所学校，费了很大周折才把课件做好，这件事给我很大的刺激。后来我买了一台二手电脑，在网上下载一些视频开始自学课件制作，并在教学中主动运用。在学习和实践过程中，我充分享受到学习与创造的快乐。现在回过头来看当初费尽周折找人做的那个课件，简直是“小儿科”。现在我能在镇里给全体教师开课件制作讲座，我制作的课件在全国语文课件制作比赛中都获了奖。虽然我的课件制作水平谈不上多高，但我现在学会的这些已完全能满足自己的课堂教学需要了。现在看来，多干果真占到了便宜，而且还占到了大便宜：能力得到提升，内心得到充实，同时也赢得同行和学生发自内心的尊重。

魏书生说，“人要处理好自己与自己的关系，自己的内心思想要管理好，要用宽容当宰相，用勇敢当将军，用勤劳当大臣，用明智当君王，那你的内心世界就能国泰民安；反之，让狭隘当宰相，让懦弱当将军，让懒惰当大臣，让昏庸当君王，那就完蛋了。很多人才不是被社会摧残的，而是被自我埋没的。要把心灵的‘摄影机’对准社会生活中的真、善、美，不要自寻烦恼。”

这些话语给我莫大的启迪，促使我把心灵的眼睛向内看，努力管理自己，提升自己。刚毕业那几年，我自认为比较有才，也做出了一些成绩，但外出学习、提干、奖励等机会却与我无缘。我有浓重的小知识分子“清高气节”，不屑向强势者低头，内心坑坑洼洼，牢骚满腹，就好像工作是为领导做的，教书也不像刚参加工作时充满火热激情，不求回报，不计得失，而是对教育窝着火，看学生的眼神也不耐烦起来。这个时候我很有一点“愤青”的风范，总想找个机会与人大吵一架，以发泄自己的不满，当然最好是能与校长吵，这个念头在脑中盘绕了较长时间，终因无机会“实施”最后不了了之。当我把心灵的“摄影机”对准自己生活中的不平与丑陋，才发现自己让狭隘当了宰相，每天牢骚满腹、愤愤不平，竟产生了随波逐流的念头。幸好有善良之根牢牢固守本心，幸好在人生的岔路口遇到了魏书生，我才没有成为在学校里浑浑噩噩混日子的蠹虫，才没有沦落为被别人甚至自己嫌弃的无用的人。

在教学上，魏老师认为教师的职业是让自己和学生同时享受快乐。这一理念对我影响很大。我刚参加工作时受一些同事的影响，认为教师对待学生要严厉一些，从而把自己定义为一名“班级警察”，始终用高高在上的姿态来管理学生，自己与学生在课堂上很少能快乐地笑出声来。现在，班级里的事，我一般多与学生商量着来，与学生平等交流，教学上尽量用快乐充实课堂，与孩子们一起享受探究未知的过程。

魏书生身上最“靓”的地方，就是他不管身份如何变换，班主任、校长、局长，他一以贯之、持之以恒地落实自己的教育主张。知易行难恒愈难，对我们来讲，我们欠缺的不是教育理论，而是对教育理论几十年如一日地坚守——这种神圣的坚守让人心生敬佩。我非常认同他的这种观点：甘于清贫、默默无闻，在教育教学第一线任劳任怨地奉献自己的一生。我也是一个有血有肉的人，有展现自己个性的内在需要。我想在使学生自由发展的同时，像魏老师那样坚守下去，尽情展示自己的潜力，创造丰富多彩的人生。

翟运胜

≫ 小学数学特级教师，苏州工业园区方洲小学教师发展中心主任。在《教师博览》《江苏教育》等发表教育教学文章近四百篇，个人教育事迹先后被《中小学德育》等杂志报道。

等候在生命拐角处的老师

/ 夏昆

我从读初中起就知道自己很有才，因为很多老师都叫我蠢材，当然，也有些老师比较克制地说我是偏才，这主要是因为我从初一到高二，除了语文之外，其他科目基本上都没及过格。任何人都无法要求一个数学老师对一个高二了都还记不清韦达定理和十字相乘法，以至于任何方程都要使用笨重的求根公式解答的学生抱有好感，更无法要求英语老师对一个连英语字母到底有二十四个还是二十六个抑或二十八个的学生另眼相看。初中毕业的时候，我七门功课加起来考了282分，其中语文就是八十多分，而总分是700分。

我现在仍在想，初中三年和高中前两年的我是怎么上学的，大概跟我现在感觉最痛心的学生一样，整天都是在课堂上云里雾里开小差的。事实上，即使是我最擅长的语文，上课我也没怎么听，那还过得去的成绩，更多是拜我课外阅读所赐。初中毕业之后，我进入了本校开办的职高班，这种所谓的职高班其实就是全校后进生的收容所，聚集了每个年级最无可救药的学生。职高班所学的科目跟普通高中不完全一样，英语没有了，物理化学也不学了，取而代之的是“铁道概论”“机械制图”等专业课，只不过，我还是跟以前一样，什么课都听不进去。二十多年过去了，我还记得一次考试之后，班主任把卷子扔给我时那鄙夷的眼神和不屑的评论："你不是一直以为自己很了不起吗？"那次考的是什么科目我已经记不清楚了，只记得那次考的是全班第二，倒数的。

和很多后进生一样，老师的鄙夷与不屑似乎更激发了我的"斗志"，我比以前更变本加厉地上课睡觉，打扑克，逃课，不交作业，到高二的时候，已经变成班里甚至学校数一数二的"双差生"了。

很难想象如果我一直这样下去的话，会是什么样子，但是肯定不会是现在的样子。那时候的我，因为长期被老师和家长责骂、羞辱，不仅几乎完全失去了对学习的兴趣，甚至丧失了人的尊严感。在很多时候，我有意识地和老师对着干，似乎觉得只有如此才能证明我的存在。而就在这时，我的生命出现了一个拐角，而一个令我感激终生的老师就在拐角处等着我，这位老师就是教我语文的梅素清老师。

梅素清老师是我们学校普高班的语文老师兼班主任，同时教我们职高班的语文。她注意到我，主要是因为我的语文相对来说比较好，但是我相信她同时还看到了其他的东西，不然，她不会冒天下之大不韪，做出那个重要的决定。正是这个决定，改变了我的一生。

高一的时候，梅老师告诉我，"你不应该是这个样子，应该有更好的前途。"但是当时身在职高班的我是看不到任何明天的，最多也就是毕业的时候在铁路上找个很不可靠的工作而已（我们学校是一所铁路系统子弟学校），而梅老师说，她想把我转到她的班。

现在很难想象她做出这个决定需要多大的勇气。因为当时在我们学校，职高班就是差班，汇聚了全校所有的刺头，而普高班则是尖子班、火箭班。普高班的老师经常威胁学生："如果学习不好，就把你送到职高班去！"而职高班的学生，从一进校门，就已经与普高班绝缘——连课程都不一样，即使去了，能跟得上普高班的学习吗？后来我才知道，学校的一些领导和老师听说梅老师想给我转班，有过各种各样的猜测，最流行的一个版本就是梅老师一定接受了我父母的好处，可是那时候她跟我父母根本就不认识。

记得当时梅老师说给我几天时间考虑，而我在征求了父母意见之后，艰难地做出了决定：愿意去普高班。

由于各种原因，梅老师给我转班的时候，我已经读高二了。为了让各科老师了解我，梅老师领着我到各个老师办公桌前，让我向他们保证，“我过来之后一定会努力学习，绝不拖班级的后腿。”

就这样，在梅老师的帮助下，我在老师和同学们怀疑的眼神中，走进了普高班的教室。

生命的拐角出现了，可是要抓住这个机会，却要付出很大的代价。由于初中时候的虚度光阴，加上高中时候课程设置的不同，很多科目我几乎都是一片空白，尤其是英语。于是，从高二开始，我就踏上了自学英语的征途。几盒磁带就是我的老师，一台小录音机就是我的教具，无数个夜晚的聆听朗诵，自己给自己安排听写、默写，在不到一年的时间里，我的英语取得的进步让我自己都感到惊奇：我居然自学完了从初一到高三六年的英语课程！而这段经历给我最大的收获就是，直到现在，我的英语在非英语科目的老师中都算是优秀的。

那时候的想法很简单，梅老师这样看得起我，我一定不能让梅老师丢脸。甚至到高三的时候，我都没有想到能否考上大学的问题，以至于填报志愿前，我还问了梅老师一个极其弱智的问题：本科与专科，哪一个更好？

高三毕业，我考上了师范大学。四年后，我居然也成了一名语文教师。

我有时想，假如没有梅老师在那个时候等候在我生命的拐角处，我现在会是什么样子？这很难想象。但是至少在高中剩下的两年里，我将继续在老师鄙夷的目光和同学们轻视的眼神中度过，在父母无时无刻不存在的责骂中度过。也许后来的我能够取得一些成功，但是这些青春期的阴影也将伴我一生，挥之不去。在这一点上，梅老师无疑是我的恩师，她将一个很多老师都避之唯恐不及的学生，变成了学校数一数二的优秀学生，更重要的是，她让这个后来也成为一名语文老师的学生明白：教师给几乎处于绝境的学生一片阳光、一次机会，对学生来说其重要性无法估量。

但是梅老师给我的教育还不止于此，至今我仍然清晰地记得一件事，它在我成为教师很多年之后仍然深深地影响着我。

那时候我们已经上高三了，我也成为班上最优秀的学生之一，梅老师当然对我是宠爱有加。那时我有一个最好的朋友，成绩很差，但是这并没有影响我们的友谊，我们经常在一起玩。高三的孩子依然是孩子，记得一次下课，我和他疯打，他追着我到处跑，我从教室后门跑出来，为了阻挡“敌人”，我顺手把铁制的教室门“砰”的一声关上。声音很大，惊动了所有的人，包括当时正在走廊上和同学谈话的梅老师。其实梅老师应该注意到门是我关上的，但她却故意不批评我，她把追我的同学叫到面前，用最严厉的话把他狠狠地骂了一顿。站在旁边的我进退两难，向老师承认，似乎是当面指出老师错了，不给老师面子；不承认吧，又觉得对不起朋友。最后我还是做了最糟糕的选择：站在那里，一声不吭，我看见朋友在挨骂的同时，向我投来愤恨的眼神。从那以后，我们的关系逐渐疏远，终于形同陌路。

这一课，比老师给我上的很多课都铭心刻骨。我更清楚地明白：老师对几乎处于绝望中的学生的关爱和帮助能够拯救一个生命，而老师对成绩差的学生的成见，不仅对学生本身是一种伤害，甚至对其他的学生也是一种伤害，而有些伤害，会很久地留在心里，无法抹去。

多年以后，我也成为一名和梅老师一样的语文教师，这总让我想起那首著名的歌《长大后我就成了你》，因为我选择当老师，梅老师给我的影响是巨大的。我希望能成为她那样的老师，像当年她拯救我一样，拯救一个个处在绝境中的学生，同时我又警诫自己，尽量使自己不要像有的老师有意无意带给别的同学伤害一样，带给我的学生伤害。这样做尽管很难，但是，我想，只要我们用心了，总会越做越好的，最起码，我也希望能像梅老师那样，静静地等候在某个学生生命的拐角处，给他一个鼓励的微笑，或者在他前进的路上，轻轻地推他一把，倘能如此，便也就够了。

夏　昆

» 中学语文教师。联合国教科文组织国际农村教育研究与培训中心“为中国而教”项目特聘培训师，中央电视台中学生频道特聘教师，出版《在唐诗中孤独漫步》《率性教书》《中国最美的语文》等专著。

图书在版编目（CIP）数据

优秀教师的成长. 关键人物 / 方心田主编. —北京：中国人民大学出版社，2017.6
ISBN 978－7－300－24537－9

Ⅰ. ①优… Ⅱ. ①方… Ⅲ. ①教师—生平事迹—中国—现代 Ⅳ. ①K825.46

中国版本图书馆CIP数据核字（2017）第133624号

优秀教师的成长: 关键人物
方心田 主编
Youxiu Jiaoshi de Chengzhang: Guanjian Renwu

出版发行	中国人民大学出版社		
社　址	北京中关村大街31号	邮政编码	100080
电　话	010－62511242（总编室）		010－62511770（质管部）
	010－82501766（邮购部）		010－62514148（门市部）
	010－62515195（发行公司）		010－62515275（盗版举报）
网　址	http://www.crup.com.cn		
	http://www.ttrnet.com（人大教研网）		
经　销	新华书店		
印　刷	北京东君印刷有限公司		
开　本	168 mm × 239 mm　16开本	版　次	2017 年 8 月第 1 版
印　张	13.5　插页1	印　次	2017 年 9 月第 2 次印刷
字　数	180 000	定　价	39.80 元